RAFAEL LUCIANI

EL *SENSUS FIDEI* DE TODO EL PUEBLO DE DIOS

EL GIRO ECLESIOLÓGICO DEL PROCESO SINODAL

CELAM
CONSEJO EPISCOPAL
LATINOAMERICANO Y CARIBEÑO

Editorial
Claretiana

PUBLICACIONES
CLARETIANAS

Bangalore • Barcelona • Buenos Aires • Chennai • Colombo
Dar es Salaam • Hong Kong • Lagos • Madrid • Macao • Manila
Owerri • São Paulo • Warsaw • Yaoundè

Dirección de colección: Serena Noceti y Rafael Luciani
Diseño de interior y tapa: Equipo Editorial Claretiana

Con las debidas licencias eclesiásticas.

© Consejo Episcopal Latinoamericano y Caribeño CELAM
   Avenida Boyacá N.° 169D-75 - Código postal 111166
   PBX: 601 484 5804
   celam@celam.org - www.celam.org

© Editorial Claretiana, 2025
   EDITORIAL CLARETIANA
   Lima 1360 – C1138ACD, Ciudad de Buenos Aires, Argentina
   Tel.: (54 11) 4305-9510 – contacto@claretiana.org – www.tiendaclaretiana.com.ar

© Publicaciones Claretianas, 2025
   Juan Álvarez Mendizabal, 65 dupdo, 3º, 28008 Madrid, España
   Tel.: 915 401 267 – publicaciones@publicacionesclaretianas.com
   comercial@publicacionesclaretianas.com – www.publicacionesclaretianas.com

ISBN: 978-84-7966-822-8
Depósito Legal: M-17319-2025

Impreso en España - Printed in Spain
Imprime: Estugraf

ÍNDICE

ÍNDICE DE SIGLAS

CTI, *Sin*   Comisión Teológica Internacional, *La sinodalidad en la vida y en la misión de la Iglesia*

DP   *Documento preparatorio* del Sínodo 21/24

DF   *Documento final* de la segunda sesión de la XVI Asamblea General Ordinaria del Sínodo de los Obispos

QA   *Querida Amazonia*

EG   *Evangelii gaudium*

UR   *Unitatis redintegratio*

LG   *Lumen gentium*

AAS   *Acta Apostolicae Sedis*

Ag   *Ad gentes*

AS   *Acta Synodalia Vaticano II*

DV   *Dei Verbum*

CD   *Christus Dominus*

EN   *Evangelii nuntiandi*

ApS   *Apostolos suos*

AA   *Apostolicam actuositatem*

EC   *Episcopalis communio*

PREFACIO
DEL PAPA FRANCISCO

"La sinodalidad no es una moda organizacional o un proyecto de reinvención humana del pueblo de Dios. Sinodalidad es la dimensión dinámica, la dimensión histórica de la comunión eclesial fundada por la comunión trinitaria, que apreciando simultáneamente el *sensus fidei* de todo el santo pueblo fiel de Dios, la colegialidad apostólica y la unidad con el Sucesor de Pedro, debe animar la conversión y reforma de la Iglesia a todo nivel"[1]. Por ello no puede ser algo "optativo" para la vida eclesial. Ella es una realidad constitutiva que define el ser y el operar de toda la Iglesia. Es un llamado a caminar juntos como pueblo de Dios bajo el impulso del Espíritu que nos invita a desbordarnos como Iglesia en salida, misionera y en permanente reforma[2]. Así, una Iglesia sinodal, supondrá una conversión de nuestras mentalidades y prácticas.

"Una Iglesia sinodal es una Iglesia de la escucha, con la conciencia de que escuchar 'es más que oír'. Es una escucha recíproca en la cual cada uno tiene algo que aprender. Pueblo fiel, colegio episcopal, Obispo de Roma: uno en escucha de los otros; y todos en escucha del Espíritu Santo, el 'Espíritu de verdad' (Jn 14, 17), para conocer lo que él 'dice a las Iglesias' (Ap 2,7)"[3].

---

1. *Videomensaje con motivo de la Asamblea Plenaria de la Pontificia Comisión para América Latina*, 26.05.2022.

2. Cf. *Evangelii gaudium*, II.

3. *Discurso en la conmemoración del 50 Aniversario de la institución del Sínodo de los Obispos*, 17.10.2015.

Con este ánimo he querido convocar al *Sínodo de la sinodalidad*, inaugurado en octubre de 2021. Este acontecimiento representa un *Kairós* para la vida y la misión de la Iglesia porque nos pone en movimiento como Pueblo de Dios, todos juntos, e invita a escucharnos recíprocamente para imaginar, discernir y construir lo que Dios nos pide en esta nueva etapa eclesial. Una etapa en la que estamos convocados a profundizar el llamado que hiciera el Concilio Vaticano II —en *Unitatis redintegratio* 4 y 6— a generar procesos de conversión y reforma como parte de nuestra fidelidad al seguimiento de Jesús. Esta invitación supone abrirnos al Espíritu y discernir lo que nos pide como Iglesia.

Por ello, los animo a regresar a las fuentes, a reflexionar lo que es la sinodalidad a la luz de la tradición de la Iglesia, de la Sagrada Escritura y del Concilio Vaticano II. También invito a aprender de las experiencias concretas que ya existen en tantas culturas, desde las que se viven en pequeñas comunidades pasando por otras en algunas diócesis e incluso las que existen a nivel continental. Así se apreciará la práctica concreta de la sinodalidad y su conexión con los problemas cotidianos de las personas y los pueblos.

Deseo que esta colección anime la construcción de una Iglesia sinodal y en salida misionera; que no solo favorezca la comprensión de la sinodalidad, sino también su vivencia pastoral para construir, entre todos, la Iglesia del tercer milenio.

Ciudad del Vaticano, 5 de julio de 2024

Francisco

INTRODUCCIÓN
A LOS CUADERNILLOS
DE SINODALIDAD

Escanea este código QR para
conocer más acerca de la colección..

Desde el inicio de su pontificado, el papa Francisco convocó a la Iglesia a seguir un camino de renovación y reforma misionera y sinodal. Trabajando primero con cambios en la práctica de la celebración de los Sínodos de los Obispos, y luego ofreciendo motivaciones y orientaciones en discursos y documentos, particularmente en la constitución *Episcopalis communio*, nos invita a madurar una visión sinodal de Iglesia, porque "el camino de la sinodalidad es el camino que Dios espera de la Iglesia del tercer milenio"[1].

En 2021 se inició un complejo y articulado proceso sinodal: un Sínodo sobre la Sinodalidad que —a partir de la escucha en las diócesis de todo el mundo y a través de una fase continental y dos asambleas en Roma— está implicando a todos los fieles y a todas las iglesias locales del mundo[2].

El *Informe de síntesis* de la Asamblea sinodal de octubre de 2023 incluye entre sus peticiones la de llegar a una definición más precisa de la sinodalidad. En efecto, los estudios realizados desde la década de 1990 y los numerosos publicados en los últimos diez años presentan diferentes maneras de entender el concepto de "sinodalidad" y hacen hincapié en distintos elementos y perspectivas a la hora de pensar en la "Iglesia sinodal". Como señalan muchos autores, el término "sinodalidad" no pertenece al vocabulario del Concilio Vaticano II ni está presente en el Código de Derecho Canónico de 1983.

El documento de 2018 de la Comisión Teológica Internacional *La sinodalidad en la vida y misión de la Iglesia* nos ofrece una visión de conjunto del tema, dividida en cuatro partes, dedicadas respectivamente al tema en la Escritura, la Tradición

---

1. FRANCISCO, *Discurso con motivo de la Conmemoración del 50 aniversario de la Institución del Sínodo de los Obispos*, 17 de octubre de 2015: AAS 107 (2015) 1139.

2. Todos los materiales están disponibles en <www.synod.va>.

y la Historia (primera parte); a los fundamentos teológicos en el horizonte de la eclesiología del Vaticano II (segunda parte); a las orientaciones pastorales para la realización de una pastoral sinodal y para la necesaria conversión y espiritualidad (partes tercera y cuarta). Este documento constituye un valioso punto de referencia para todos, para los teólogos, para los obispos y presbíteros, para todos los bautizados y bautizadas que emprenden este laborioso y valioso camino sinodal. En los últimos años se han publicado numerosos textos teológicos, libros y artículos en muchas lenguas dedicados al tema de la sinodalidad, que han permitido profundizar en cuestiones históricas, litúrgicas y pastorales. Cada vez es más necesario profundizar en este tema no solo con textos científicos, dirigidos a expertos, sino con subsidios ágiles y populares que ayuden a todos a ser sujetos activos en el camino; como decía Ignacio de Antioquía en el siglo II, para que todos sean *synodoi*, es decir, "compañeros de viaje, en virtud de su dignidad bautismal y amistad con Cristo"[3].

Así surgió la idea de los *Cuadernillos de Sinodalidad*: ofrecer libros breves, escritos por expertos, que combinen una reflexión teológico-sistemática esencial sobre distintos aspectos de la sinodalidad con sugerencias operativas, para la reflexión personal y la renovación pastoral, que permitan "llegar a ser una Iglesia sinodal". En efecto, para comprender lo que significa ser una "Iglesia sinodal" no basta con aprender teóricamente, con leer documentos o manuales, sino que es necesario implicarse activamente y aprender *en la praxis* y *desde la reflexión sobre la praxis* en qué consiste, qué implica y, en definitiva, qué significa la sinodalidad.

La perspectiva adoptada es la de una "iniciación a la sinodalidad". En la iniciación cristiana de los adultos, junto al *camino del conocimiento y la comprensión de la doctrina*, de los contenidos de la fe, los catecúmenos son conducidos a "hacerse cristianos" siguiendo el *camino de la oración* (aprender el lenguaje litúrgico experimentándolo), el *camino de la vida comunitaria* y el *camino del servicio del amor*, que está en el corazón de la conversión moral. Del mismo modo, después de recibir los sacramentos de la iniciación cristiana, en el tiempo de la *mistagogía* se comprende profunda y vitalmente lo que ha tenido lugar porque se vive un período de "aprendizaje", en el que la novedad que ha generado el sacramento llega a confrontarse con la vida concreta y con la Palabra de Dios que la ilumina. Llegar a ser "Iglesia sinodal" requiere una "iniciación a la sinodalidad" que implica

---

3. Comisión Teológica Internacional, *La sinodalidad en la vida y la misión de la Iglesia*, n. 25.

a cada cristiano y a las comunidades en su conjunto: es una experiencia que hay que vivir y una experiencia sobre la que hay que reflexionar. Uno se convierte en *sýnodoi* y en "Iglesia sinodal" si vive de esta manera, convirtiéndose cada vez más profundamente a esta perspectiva y transformando nuestras comunidades en esta dirección. Se llega a ser sinodal construyendo comunidades sinodales: la conversión, la renovación y la reforma están estrechamente relacionadas; no hay una sin la otra. No se trata solo de tener buenas ideas sobre la sinodalidad para aplicarlas; maduran en la medida en que se viven y se apoyan en estructuras y formas organizativas adecuadas.

Por eso, cada *Cuadernillo de Sinodalidad* se divide en dos partes:

» un tratamiento del tema ("Pensar - Comprendiendo la sinodalidad") que identifica hitos, recogiendo lo que han escrito biblistas, teólogos, pastoralistas, que examina retos y cuestiones abiertas y los aborda a la luz de la Escritura y de los documentos del Magisterio;

» una parte ("Iniciación a la sinodalidad") que ofrece propuestas concretas en tres líneas interconectadas: *conversión* sinodal (una propuesta de reflexión y oración a realizar personalmente), *renovación* eclesial en perspectiva sinodal (una propuesta de experiencia a vivir en una comunidad, parroquia, etc.) y *reforma* sinodal (una o dos propuestas para crear o cambiar estructuras pastorales de modo que sean real y efectivamente sinodales).

En la lógica de la "iniciación a la sinodalidad", en los Cuadernillos se profundizará acerca de los *sujetos*, las *dinámicas* dentro de una Iglesia sinodal y las *estructuras* necesarias. El primer Cuadernillo (nº 0), redactado por los dos editores Rafael Luciani y Serena Noceti, ofrece una visión general del tema de la sinodalidad.

Cada cuadernillo puede ser leído-utilizado por sí mismo, o puede formar parte de un itinerario formativo, "iniciático", para una comunidad religiosa, una parroquia, una diócesis, uniendo varios cuadernillos según las diferentes sensibilidades o necesidades pastorales de una comunidad cristiana. Por ejemplo, una parroquia podría crear un itinerario uniendo los *Cuadernillos* sobre los laicos, sobre el *sensus fidei* y la participación, sobre la parroquia sinodal; un consejo presbiteral podría encontrar útil reflexionar sobre el ministerio ordenado, sobre el poder y la autoridad, sobre el seminario o sobre la reforma del derecho canónico, etc.

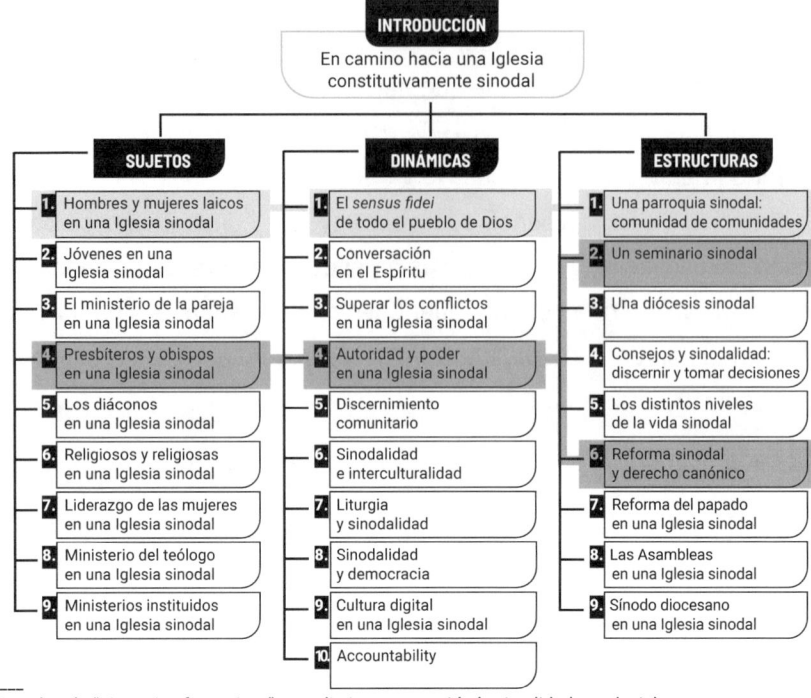

INTRODUCCIÓN
En camino hacia una Iglesia
constitutivamente sinodal

SUJETOS

1. Hombres y mujeres laicos en una Iglesia sinodal
2. Jóvenes en una Iglesia sinodal
3. El ministerio de la pareja en una Iglesia sinodal
4. Presbíteros y obispos en una Iglesia sinodal
5. Los diáconos en una Iglesia sinodal
6. Religiosos y religiosas en una Iglesia sinodal
7. Liderazgo de las mujeres en una Iglesia sinodal
8. Ministerio del teólogo en una Iglesia sinodal
9. Ministerios instituidos en una Iglesia sinodal

DINÁMICAS

1. El *sensus fidei* de todo el pueblo de Dios
2. Conversación en el Espíritu
3. Superar los conflictos en una Iglesia sinodal
4. Autoridad y poder en una Iglesia sinodal
5. Discernimiento comunitario
6. Sinodalidad e interculturalidad
7. Liturgia y sinodalidad
8. Sinodalidad y democracia
9. Cultura digital en una Iglesia sinodal
10. Accountability

ESTRUCTURAS

1. Una parroquia sinodal: comunidad de comunidades
2. Un seminario sinodal
3. Una diócesis sinodal
4. Consejos y sinodalidad: discernir y tomar decisiones
5. Los distintos niveles de la vida sinodal
6. Reforma sinodal y derecho canónico
7. Reforma del papado en una Iglesia sinodal
8. Las Asambleas en una Iglesia sinodal
9. Sínodo diocesano en una Iglesia sinodal

_____
(*) Ejemplos de "itinerarios formativos" para distintas comunidades/realidades eclesiales.
En este caso, para una parroquia y para un consejo presbiteral.

La propuesta de los *Cuadernillos* pretende conjugar un tratamiento orgánico de las cuestiones y temas más relevantes para ofrecer una visión lo más completa posible de la materia, con la flexibilidad y sencillez de uso: cada consejo pastoral, cada párroco, cada obispo, cada superior religioso puede encontrar sugerencias y materiales que respondan y se adecuen a las necesidades específicas y diversas de la comunidad de la que son animadores y responsables.

Como nos recuerda el documento de la Comisión Teológica Internacional sobre la sinodalidad, citando al papa Francisco,

> Caminar juntos [...] es el *camino constitutivo de* la Iglesia; *la figura* que nos permite interpretar la realidad con los ojos y el corazón de Dios; *la condición* para seguir al Señor Jesús y ser servidores de la vida en este tiempo herido. El aliento y el paso sinodal revelan lo que somos y el dinamismo de comunión que anima nuestras decisiones. Solo en este horizonte podremos renovar verdaderamente nuestra pastoral y adaptarla a la misión de la Iglesia en el mundo de hoy; solo así podremos afrontar la complejidad de este tiempo, agradecidos por el camino recorrido y decididos a continuarlo con *los feligreses* (n. 120).

Serena Noceti - Rafael Luciani

EL *SENSUS FIDEI*
DE TODO EL PUEBLO DE DIOS
El giro eclesiológico del proceso sinodal

Escanea este código QR
para conocer más acerca
de este Cuadernillo.

INTRODUCCIÓN

La teología del *sensus fidei* es clave para comprender el giro eclesiológico que estamos viviendo, si bien su recepción no ha estado exenta de polémicas, pues toca el corazón mismo de las *identidades* y los *modos de relación* de los sujetos en la Iglesia. De hecho, así como la secuencia de los capítulos de *Lumen gentium* expresa una norma hermenéutica para comprender el ser de la Iglesia como *pueblo de Dios* —a saber, la disposición del capítulo II (Pueblo de Dios) antes del III (Jerarquía)—, de modo análogo, la presencia del *sensus fidei* en el segundo capítulo permite considerar a LG 12 como el referente propicio para comprender y discernir las relaciones y dinámicas de reconfiguración identitarias[4] que constituyen a los sujetos en una Iglesia pueblo de Dios constitutivamente sinodal. *Lumen gentium* 12 es muy clara al afirmar que el Espíritu habla a la Iglesia por medio de la *totalidad* orgánica de los fieles (capítulo II: Pueblo de Dios) y no a través de la jerarquía (capítulo III) o de algún otro sujeto eclesial (capítulos IV y VI) unilateral o aisladamente. El pasaje conciliar no pretende anular la autoridad propia de la jerarquía, sino situarla *entre* los fieles[5] a partir de un rico intercambio de vocaciones, carismas y ministerios.

---

4. Cf. R. Luciani, "La reconfiguración de las identidades y las relaciones de los sujetos eclesiales en una Iglesia *Pueblo de Dios*", *Revista Teología* 143 (2024) 39-75.

5. "Inter fideles cointelliguntur evidenter membra Hierarchiae". Cf. Relatio de n.12 recogida en: F. Gil Hellín, *Concilii Vaticani II Synopsis. Constitutio Dogmatica de Ecclesia Lumen gentium*, Libreria Ed. Vaticana, 1995, 96-97.

Hoy en día, el *Sínodo sobre la sinodalidad* ha dado un paso más en la profundización y maduración de esta hermenéutica conciliar, y lo ha hecho a partir de la práctica del *sensus fidei*. De ella, está emergiendo la conciencia de una *figura sinodal* de Iglesia que asienta la rearticulación de la tríada "todos, algunos y uno", es decir, "entre el *sensus fidei* con el que están marcados todos los fieles, el discernimiento ejercido en los distintos niveles de realización de la sinodalidad y la autoridad de quien ejerce el ministerio pastoral de unidad y gobierno"[6]. Dicha práctica ha comenzado a facilitar lo que Congar calificó como "religar la vida a la estructura" porque "el problema de las reformas en la Iglesia es que la vida se desarrolle en el marco y el andamiaje de la estructura"[7].

Como veremos a lo largo de esta publicación, la teología del *sensus fidei* de todo el pueblo de Dios —*sensus fidei totius populi*— ofrece el modo de proceder más adecuado para constituirnos en una Iglesia *constitutivamente sinodal* y su práctica supone ir creciendo en los *tres ámbitos* en los que el Espíritu habla a las Iglesias al reunirse: "profundización de la doctrina cristiana, reforma de las estructuras eclesiásticas, promoción de la actividad pastoral en todo el mundo"[8].

---

6. COMISIÓN TEOLÓGICA INTERNACIONAL, *La sinodalidad en la vida y en la misión de la Iglesia*, 72.

7. Y. CONGAR, *Jalones para una teología del laicado*, Estela, Barcelona 1965, 16-17.

8. Cf. Constitución apostólica *Episcopalis communio*, n. 1.

1. LA CENTRALIDAD DE LA
ECLESIOLOGÍA DEL PUEBLO DE DIOS

1.1. La emergencia de la Iglesia como pueblo de Dios en los debates conciliares

A lo largo del primer período del Concilio Vaticano II se fue generando la conciencia de que el esquema sobre la Iglesia tendría que ocupar un lugar central. El obispo Huyghe sostuvo que "el esquema sobre la Iglesia que se nos ha presentado es de tal importancia en este momento que se puede afirmar que es el tema central del Concilio Vaticano II (...). El mundo de hoy está esperando a ver qué dirá la Iglesia sobre sí misma cuando se reúna en Concilio. El mundo pregunta así a la Iglesia: '¿Qué dices de ti misma?'"[9].

El primer paso lo dio la Comisión Antepreparatoria del Concilio constituida por Juan XXIII el 7 de mayo de 1959 con el fin de realizar una consulta a los obispos de todo el mundo para que expresaran sus *vota* o propuestas. A partir de las propuestas recibidas, la Comisión Teológica Preparatoria, creada el 5 de junio de 1960, procedió a elaborar un primer *schema* de trabajo. Los trabajos fueron coordinados por el cardenal Ottaviani. El primer esquema, titulado *De Ecclesia*, fue criticado duramente luego de ser presentado en el Aula conciliar porque mantenía el estilo y la doctrina preconciliar de una eclesiología jurídica y desigual. No se había tomado en cuenta el criterio de *pastoralidad* que dio el papa Juan XXIII en su discurso inaugural del Concilio, donde llamaba a mantener la sustancia de la doctrina, pero presentándola en una forma y con un lenguaje nuevo, es decir, "una renovación que debía partir

---

9. *Acta Synodalia Sacrosancti Concilii Oecumenici Vaticani II,* 32 tomos, Typis Polyglottis Vaticanis, Ciudad del Vaticano, 1970-99, (De ahora en adelante: *AS*). De ahora en adelante se citará del siguiente modo: AS I/IV, 195.

de una profundización de la fe común y de la adaptación de toda la pastoral eclesial a los nuevos tiempos"[10].

Una de las intervenciones más decisivas para tomar conciencia del giro eclesiológico conciliar que se necesitaba fue la de Mons. de Smedt, para quien el *De Ecclesia* debía superar el triunfalismo, el clericalismo y el legalismo. Sobre esto señala que "la Iglesia se presenta en la vida común como si fuera una cadena de triunfos de los miembros de la Iglesia Militante" (AS I/IV,142). Por ello advierte: "debemos tener cuidado al hablar sobre la Iglesia para no caer en un cierto jerarquismo, clericalismo, y obispolatría o papolatría. Lo que viene primero es el pueblo de Dios" (AS 1/4,143). Para este obispo de Brujas, el *schema* seguía respondiendo a la eclesiología *desigual* representada por una "*pirámide*: papa, obispos, sacerdotes, cada uno de ellos responsables; ellos enseñan, santifican y gobiernan con la debida autoridad. Luego, en la base, el pueblo cristiano, más que todo receptivo, y de una manera que concuerda con el lugar que parecen ocupar en la Iglesia" (AS 1/4,142). En este contexto, podemos destacar la crítica que hizo el cardenal Suenens al decir que el esquema enfatizaba el aspecto jurídico y jerárquico, así como la autoridad de los obispos y del sumo pontífice, sin traer a colación otros "elementos *constitutivos* de la Iglesia, como por ejemplo los *fieles*" —o *christifideles*— (AS V/I, 92). A la luz de esta última expresión, la nueva eclesiología podía encontrar un punto común y vinculante a todos los sujetos eclesiales, partiendo de la radical igualdad bautismal, y así romper con el esquema piramidal.

1.2. La normatividad de la secuencia de *Lumen gentium*

El gran giro eclesiológico surgirá a partir de la incorporación de la categoría *pueblo de Dios*. El 23 de enero de 1963, en una reunión de la comisión teológica, el cardenal Suenens explicó el nuevo plano arquitectónico del esquema *De Ecclesia* (AS V/I 97-100). Suenens había agregado un capítulo intitulado *De Populo Dei* al esquema *De Ecclesia*[11]. El cambio será incorporado en el *textus*

---

10. G. Philips, "La Constitution dogmatique sur L`Église *Lumen Gentium*", *Ephemerides Theologicae Lovanienses*, Louvain 1966, 7.

11. El esquema inicial propuesto por Gérard Philips, secretario adjunto de la comisión doctrinal del Concilio, constaba de 4 capítulos: el misterio de la Iglesia, la jerarquía, los laicos y los estados de perfección. Mientras que "la nueva división de la constitución que Suenens propone, será la siguiente.

emendatus colocando el capítulo sobre el *Pueblo de Dios* (*De Populo Dei*) antes del otro dedicado a la jerarquía (AS I/IV12ss; II/I,216ss). El obispo Gargitter fue quien primero mostró su apoyo público al nuevo esquema propuesto por Suenens, diciendo que: "el capítulo II no debe tratar de la jerarquía, sino del pueblo de Dios, y nos parece que se debe hablar sobre él de forma mas clara y positiva. Después del pueblo de Dios se debe hablar de los que de ese mismo pueblo de Dios han sido elegidos y constituidos para su servicio (..). Verdaderamente ha llegado el momento de resaltar la gran dignidad del pueblo de Dios" (AS II/I,359-360).

La nueva secuencia de los capítulos era fundamental porque "permite afirmar, a la vez, la igualdad de todos los fieles en la dignidad de la existencia cristiana y la desigualdad orgánica o funcional de los miembros"[12]. Esto tendrá implicaciones en torno al ministerio jerárquico porque los padres conciliares optaban por partir de la participación de todos los miembros del pueblo de Dios en los *tria munera* (LG 10-13.31; AA 2) de Cristo —sacerdote, profeta y rey— estableciendo, así, la igualdad de todos, como *christifideles*, por medio de la dignidad bautismal como criterio vinculante y estructurante para la configuración de la identidad de todos los sujetos eclesiales y los modos relacionales entre ellos. De este modo, la comprensión y el ejercicio del ministerio jerárquico se situaba en el interior del Pueblo de Dios, como un fiel entre los otros.

El obispo Romolo Compagnone da un paso más y explica esta visión emergente de la Iglesia a partir de los siguientes argumentos. Primero, comprende a todos los sujetos eclesiales en cuanto *universam christifidelium multitudinem*. Segundo, en esa totalidad los fieles no están reunidos separada o aisladamente, como tampoco indiscriminadamente, *sed ordinate in unum collectam*, es decir, de forma tal que cada uno se comprende respecto del otro según su condición propia, de forma conjunta y ordenada, pero sin que uno pueda ser y actuar sin el otro o por encima del otro. Tercero, la jerarquía se entiende en el interior de este concepto junto con el resto de los fieles en un régimen de complemen-

---

I. De ecclesiae mysterio; II. De populo Dei in genere; III. De constitutione hierarchica ecclesiae; IV. De laicis in specie; V. De vocatione ad sanctitatem in ecclesia". J. Grootaers, "El Concilio se decide en el intervalo", en G. Alberigo (ed.), *Historia del Concilio Vaticano* II, Vol. II, 378-379.

12. Y. Congar, "La Iglesia como Pueblo de Dios", *Concilium* 1 (1965) 21.

tariedad según la identidad propia de cada uno (AS II/III,42). Grootaers explica las implicaciones de la nueva secuencia de los capítulos de *Lumen gentium*:

> esta reestructuración tenía un sentido eclesiológico fundamental, que ponía fin a la visión piramidal de la Iglesia. Demostraba, en particular, que los obispos, los laicos y los religiosos formaban todos parte del pueblo de Dios, que se trataría en un capítulo previo al del episcopado. En esta nueva disposición, los capítulos I y II sentaban las bases de la pertenencia a la Iglesia desde una perspectiva espiritual, de manera que, por el bautismo, todos los miembros de la Iglesia son iguales antes de diversificarlos según sus funciones (los dos capítulos siguientes)[13].

De aquí se desprende el carácter normativo para la interpretación de la eclesiología conciliar el hecho de colocar el capítulo II [Pueblo de Dios] entre el I [*De Mystero Ecclesiae*] y el III [*De Hierarchia*] con la finalidad de, primero, tratar lo que es común a todos los fieles y, segundo, reafirmar que la jerarquía se comprende en el interior del pueblo de Dios[14].

1.3. Los pastores y el resto de los fieles se "completan mutuamente"

En la medida en que avanzaron los debates se apreciaba, cada vez más, la conciencia de lo que Congar había escrito antes del Concilio. A saber, que "el plan total de Dios no se agota en el principio jerárquico, sino que supone el complemento y la reciprocidad de un régimen comunitario, dependiendo de ambos la plenitud final"[15]. Un dato fundamental se ofrece en la *Relatio generalis* de la *Congregación general LXXX* que presenta una nueva versión del *schema De Ecclesia*. En la exposición de motivos sobre el II capítulo dedicado al pueblo de Dios, destaca que "los pastores y los fieles pertenecen a un solo pueblo" y este concepto siempre debe ser considerado como una "totalidad" (AS III/I, 209-210) en la que cada fiel aporta lo suyo al otro.

---

13. J. Grootaers, "El Concilio se decide en el intervalo", en G. Alberigo (ed.), *Historia del Concilio Vaticano* II, Vol. II, 378-379.

14. "Omnes pertinent ad populum, et Hierarchia populum supponit". AS III/I, 209.

15. Y. Congar, *Jalones para una teología del laicado*, Editorial Estela, Barcelona 1963, 344. La edición original se publicó en 1961.

Las intervenciones de Mons. de Smedt aluden a las implicaciones de esta opción conciliar[16]. El obispo de Brujas señala que "en el pueblo de Dios, todos estamos unidos los unos con los otros, y tenemos las mismas leyes y deberes fundamentales. Todos participamos del sacerdocio real del pueblo de Dios. El Papa es uno de los fieles: obispos, sacerdotes, laicos, religiosos, *todos somos [los] fieles*"[17]. Monseñor Leonidas Proaño, de Ecuador, había dicho en sus *vota* o propuestas enviadas a la Comisión Antepreparatoria del Concilio, que "la Iglesia no es solo el pontífice. No es el pontífice con la jerarquía. La Iglesia *somos todos los fieles* bautizados en Cristo"[18].

Con el término *christifideles* se optaba por expresar la *condición común* de todos en la Iglesia destacando, a la vez, la naturaleza pluriforme y corresponsable de las relaciones entre todos: laicado, vida religiosa, diaconado, presbiterado, episcopado, primado. Así, se estaba apuntando a una nueva hermenéutica que partía de concebir a la Iglesia como un *conjunto orgánico*, es decir, que esa *totalidad* que es el pueblo de Dios carecería de sentido y no existiría sin la interacción necesaria y recíproca de *cada fiel respecto de los otros* para el funcionamiento del conjunto. *Apostolicam Actuositatem* nos ayuda a valorar las consecuencias de este giro que se estaba produciendo al afirmar que "el apostolado de los laicos y el ministerio pastoral *se completan mutuamente*" (*mutuo se complent*: AA 6). La importancia de esta perspectiva es tal que se refuerza el vínculo entre todos los fieles a partir de *relaciones de completitud* que son constitutivas al modo de ser de cada sujeto eclesial y superan la mera complementariedad, cooperación o ayuda entre ellos. Podemos decir que cada sujeto eclesial se completa en la relación con los otros, ya que por sí mismo ninguno es completo, como tampoco existe una vocación para sí, sino para el servicio, y lo hace desde lo propio que tiene para ofrecer (AA 29). En una Iglesia sinodal "cada miembro está al servicio de los otros miembros..., [de modo que] los pastores y los demás fieles están vinculados entre sí por recíproca nece-

---

16. "Los padres conciliares hicieron una elección consciente y fundada al privilegiar esa categoría [pueblo de Dios]. El paso adelante concretado en el magisterio de Francisco es, a la vez más, más fiel al texto conciliar". C. SCHICKENDANTZ, "De una Iglesia occidental a una Iglesia mundial. Una interpretación de la reforma eclesial", *Theologica xaveriana* 185 (2018) 22.

17. Cf. AS 1970-99, 1/4, 143.

18. ADAP Series I, Vol. II, Pars VII, 25.

sidad" (LG 32) y también al interior del gran poliedro eclesial, en el cual todos somos necesarios.

A la luz de este argumento, De Smedt señaló, con gran claridad, "que el poder jerárquico solo es algo transitorio. (...). Lo que es permanente es el pueblo de Dios; lo que es pasajero es el servicio jerárquico"[19]. Lo permanente es la única vocación cristiana, y lo transitorio o temporal, las funciones, roles o servicios para realizar la misión de la Iglesia en el mundo. Congar sostendrá, años después, que el Concilio logró "un descentramiento horizontal sobre la comunidad y el pueblo de Dios (...). El pueblo de Dios está estructurado por una jerarquía cuyo *carácter funcional* se subraya y su naturaleza de servicio"[20].

Con este giro eclesiológico se lograba desarticular la estructuración piramidal de la concepción eclesiológica. El Concilio había logrado ofrecer una definición de Iglesia que otorgaba el primado a la eclesiología del pueblo de Dios: la Iglesia es constitutivamente "pueblo de Dios". Como dirá, "G. Philips, uno de sus intérpretes más cualificados, la noción *pueblo de Dios* no debe ser entendida como una semejanza o comparación de la Iglesia, porque designa su misma esencia: la Iglesia es el pueblo de Dios"[21].

---

19. AS I/IV, 143.

20. Y. Congar, *Historia de los dogmas. Tomo III: eclesiología*, BAC, Madrid 1976, 297.

21. E. Bueno de la Fuente, "La búsqueda de la figura de la Iglesia como lógica interna de la eclesiología posconciliar", *Revista Española de Teología* 57 (1997) 248.

2. UNA IGLESIA PUEBLO DE DIOS QUE ES
TAMBIÉN *CONSTITUTIVAMENTE SINODAL*

2.1. Una dificultosa recepción en el postconcilio

Uno de los ejes más complejos de la actual recepción del Concilio que estamos viviendo responde al abandono progresivo de la categoría "pueblo de Dios" que ocurrió a partir de la década de los ochenta, especialmente en los círculos teológicos europeos y norteamericanos, así como en los documentos magisteriales de los pontificados[22]. Esto hizo que se fuera extraviando la praxis de la conciencia sinodal de las iglesias diocesanas, privilegiándose el centralismo romano en el manejo de la gobernanza y el desarrollo de la doctrina. La dificultosa recepción de esta categoría explica por qué hoy el *Sínodo sobre la sinodalidad* encuentra resistencias.

La desafección por la centralidad de esta noción conciliar medular se fue consolidando durante la segunda y la tercera fase en la recepción conciliar —Juan Pablo II y Benedicto XVI—. En el *Informe sobre la fe*, publicado en 1985, Ratzinger consideró que la categoría pueblo de Dios podría llevar a la Iglesia a "retroceder en lugar de avanzar" reduciéndola a una dimensión sociológica y política de corte colectivista. El Sínodo extraordinario de 1985 partió de esa perspectiva y privilegió la categoría *communio hierarchica* para interpretar la eclesiología conciliar. En 1988, la constitución apostólica *Pastor bonus* concedió mayor poder al primado, la curia comenzó a producir una teología propia y se relativizó la autoridad teológica y doctrinal de las conferencias episcopales. En la carta *Communionis notio*, publicada en 1992, se precisó que la Iglesia universal es una realidad ontológica y preexistente respecto de la iglesia local. El *motu proprio Apostolos suos* de 1998 arraigó la función de enseñanza de los

---

22. Cf. G. Colombo, "Il *Popolo di Dio* e il *mistero* della Chiesa nell'ecclesiologia postconciliare", *Teologia* 10 (1985) 97-169.

obispos en torno a la interpretación oficial del magisterio universal que venía dada por la Santa Sede (*AS* 21).

La categoría "pueblo de Dios reaparecerá y recobrará relevancia solo después de casi treinta años, con el pontificado de Francisco, en el profundo proceso de revisión de la eclesiología del Vaticano II, una re/visión que él lidera sirviéndose de la rica reflexión de teólogos y obispos latinoamericanos (en primer lugar, la expresada por el Consejo Episcopal Latinoamericano y del Caribe): el retorno del *pueblo de Dios* es una de las figuras claves de esa cuarta fase de recepción que se abrió el 13 de marzo de 2013"[23]. Hoy somos testigos de la recuperación y maduración de esta eclesiología conciliar, lo que ha posibilitado que avancemos hacia una "ulterior recepción del Concilio" —como la denomina el *Informe de síntesis* de la primera sesión de la XVI Asamblea General Ordinaria del Sínodo de los obispos de octubre del 2023— desarrollada en el marco de la fase conciliar inaugurada por el papa Francisco en 2013.

La normatividad de esta categoría conciliar ha dado forma a las distintas fases del proceso del Sínodo de la sinodalidad inaugurado por Francisco en 2021. El *Documento preparatorio* con el que se inició describe "la naturaleza de la Iglesia como pueblo de Dios" (DP 1). Esto mismo aparece a lo largo de los distintos documentos fruto de las diversas fases del Sínodo. El *Instrumentum laboris* para la segunda sesión de la XVI Asamblea General Ordinaria del Sínodo de Obispos afirma que "pertenecer a la Iglesia significa formar parte del único pueblo de Dios" (IL 2024, *Introducción*). El *Documento final* del Sínodo profundiza aún más en esta perspectiva y, al definir a la Iglesia como pueblo de Dios, precisa que "ese pueblo no es nunca la mera suma de los bautizados, sino el *sujeto comunitario e histórico* de la sinodalidad y de la misión" (DF 17).

Cualquier valoración de la sinodalidad, ya sea en términos de su aceptación y recepción, o de la resistencia y rechazo que pueda generar, debe interpretarse dentro de este contexto eclesial que transformó la hermenéutica conciliar a partir de los años ochenta. Sin embargo, la reciente recuperación de la centralidad hermenéutica del capítulo II de *Lumen gentium* ha madurado y se ha consolidado a través de la teología y la práctica del *sensus fidei*, que es la dinámica más adecuada para vincular a todos los sujetos eclesiales entre sí como

---

23. Cf. S. Noceti, "Popolo di Dio: un incompiuto riconoscimento di identità", *Concilium* 3 (2018) 21-36.

corresponsables para la misión[24]. La actual etapa eclesial que estamos viviendo ha favorecido —como afirma el *Informe de síntesis* de la primera sesión de la XVI Asamblea General Ordinaria del Sínodo de los obispos de octubre del 2023— que estemos transitando hacia "una ulterior recepción del Concilio", en la que la Iglesia pueblo de Dios se va entendiendo y configurando desde su dimensión *constitutivamente sinodal*.

2.2. Un nuevo giro eclesiológico: una Iglesia constitutivamente sinodal

A lo largo del proceso sinodal fue emergiendo esta conciencia —aunque no siempre de manera sencilla— de que la Iglesia es constitutivamente sinodal. La segunda parte del *Documento preparatorio* lleva por título: "Una Iglesia constitutivamente sinodal", y en el párrafo 27 se menciona la "sinodalidad como dimensión constitutiva de la Iglesia", definida como "la específica forma de vivir y obrar (*modus vivendi et operandi*) de la Iglesia pueblo de Dios" (DP 10). En consonancia con esta perspectiva, el *Vademecum* afirma que "la Iglesia reconoce que la sinodalidad es parte integrante de su propia naturaleza" (*Vademecum* 1.3). Para facilitar su comprensión, se propone que el camino sinodal siga la vía de la "sinodalidad vivida" (DP 30). Esta perspectiva queda reflejada en el *Documento para la etapa continental*, el cual "no ofrece una definición de la sinodalidad en sentido estricto (...), sino que expresa el sentido compartido de la experiencia de la sinodalidad vivida por los participantes" (*DEC* 9). Asimismo, el concepto de "sinodalidad vivida"[25] se retoma en el numeral 25 del mismo documento.

El *Instrumentum laboris* de la sesión de 2023, al abordar "la sinodalidad como dimensión constitutiva de la Iglesia" (IL 2023, 26) y la "dimensión sinodal constitutiva de la comunidad eclesial" (IL 2023, 23), introduce por primera vez la expresión: "una Iglesia constitutivamente sinodal" (IL 2023, B.3.1). Por su parte, el

---

24. Se puede ver: R. Luciani, "Hacia una vinculación corresponsable del ejercicio episcopal a la luz del *sensus fidelium* del Pueblo de Dios", en C. Kuzma (ed.), El laicado en una Iglesia sinodal. Corresponsabilidad, participación y misión, San Pablo, Madrid 2024, 138-163; Id., "Il cuore della recezione attuale dell'ecclesiologia del Popolo di Dio. Nuove vie nella teologia e nella pratica del *sensus fidei*", Il Regno 7 (2023) 238-249.

25. Pedro Trigo desarrolla un concepto análogo al que denomina "sinodalidad básica". Cf. *Sinodalidad básica en la Iglesia latinoamericana*, Buena Prensa, Ciudad de México 2023, 38-59.

Informe de síntesis de la primera sesión de 2023 menciona tanto la "dimensión sinodal de la Iglesia" (1a) como la "sinodalidad como modo de ser Iglesia" (1g). No obstante, reconoce el desafío de "una Iglesia que está aprendiendo el estilo de la sinodalidad buscando las formas más apropiadas para hacerla realidad" (*Informe de síntesis*, Introducción). De manera consistente, el *Instrumentum laboris* de la sesión de 2024 también reafirma la sinodalidad como dimensión constitutiva de la Iglesia (IL 2024, 5).

De este modo, esta "ulterior recepción del Concilio" impulsada por el Sínodo da un paso significativo durante la XVI Asamblea General Ordinaria del Sínodo de los Obispos en la definición de la Iglesia como pueblo de Dios y afirma que es también *constitutivamente sinodal*. Ya no se trata de un documento eclesial o teológico cualquiera; esta afirmación ha sido votada y aprobada por los miembros de la Asamblea y expresada en el *Documento final*: "con este documento, la Asamblea reconoce y testimonia que la sinodalidad, dimensión constitutiva de la Iglesia, ya forma parte de la experiencia de muchas de nuestras comunidades. Al mismo tiempo, sugiere caminos a seguir, prácticas a implementar, horizontes a explorar" (DF 12).

Dos elementos novedosos confieren *autoridad* a esta afirmación. En primer lugar, proviene de la *Asamblea* en su totalidad, que actúa como *sujeto* del proceso sinodal, integrando la dinámica de *todos, algunos* y *uno*. En segundo lugar, el Papa, como miembro de la Asamblea, asume el *Documento final* como parte de su magisterio ordinario, reforzando así su significado y alcance. Así lo expresó en su *Nota* adjunta:

> el *Documento final* participa del magisterio ordinario del Sucesor de Pedro (cf. EC 18 § 1; CCC 892) y como tal pido que se acepte. Representa una forma de ejercer la enseñanza auténtica del Obispo de Roma que tiene algunos rasgos nuevos, pero que en realidad corresponde a lo que tuve la oportunidad de precisar el 17 de octubre de 2015, cuando afirmé que la sinodalidad es el marco interpretativo adecuado para comprender el ministerio jerárquico[26].

---

26. Francisco, *Nota de acompañamiento al Documento final de la XVI Asamblea General Ordinaria del Sínodo de los Obispos* (25.11.2024), <https://press.vatican.va/content/salastampa/it/bollettino/pubblico/2024/11/25/0934/01866.html>.

Las implicaciones para la renovación y reforma de la figura y el proceder eclesial son claras en la definición ofrecida por la Asamblea, que afirma: "la sinodalidad indica la específica forma de vivir y obrar (*modus vivendi et operandi*) de la Iglesia pueblo de Dios" (DF 31). Al sostener que la Iglesia es constitutivamente sinodal y situar esta definición "en el contexto de la eclesiología del pueblo de Dios" (DF 31), no se limita esta perspectiva a una parte específica de la Iglesia ni se refiere exclusivamente a ciertos sujetos eclesiales aisladamente, sino que abarca a toda la comunidad eclesial en su conjunto. La Asamblea sostiene que,

> a lo largo del proceso sinodal, ha madurado una convergencia sobre el significado de la sinodalidad que subyace en este documento: la sinodalidad es el caminar juntos de los cristianos con Cristo y hacia el reino de Dios, en unión con toda la humanidad; orientada a la misión, implica reunirse en asamblea en los diferentes niveles de la vida eclesial, la escucha recíproca, el diálogo, el discernimiento comunitario, llegar a un consenso como expresión de la presencia de Cristo en el Espíritu, y la toma de decisiones en una corresponsabilidad diferenciada. *En esta línea entendemos mejor lo que significa que la sinodalidad sea una dimensión constitutiva de la Iglesia* (CTI, n. 1). En términos simples y sintéticos, podemos decir que la sinodalidad es un camino de renovación espiritual y de reforma estructural para hacer a la Iglesia más participativa y misionera, es decir, para hacerla más capaz de caminar con cada hombre y mujer irradiando la luz de Cristo (DF 28).

Por ello, afirmar que la Iglesia es *constitutivamente sinodal* implica un replanteamiento de las identidades, los modos de relación y las dinámicas comunicativas entre todos los sujetos eclesiales. Esto debe adquirir una forma estructural, tal como se ha logrado —aunque de manera emergente hasta ahora— mediante reformas similares a la llevada a cabo en la institución del Sínodo de los Obispos por el papa Francisco en la constitución apostólica *Episcopalis Communio*. Esta perspectiva se describe en el *Documento final* del Sínodo de la siguiente manera:

> el Sínodo de los Obispos, aun conservando su naturaleza episcopal, ha visto y podría ver en el futuro, en la participación de otros miembros del pueblo de Dios, la forma en que está llamado a asumir el ejercicio de la autoridad episcopal en una Iglesia consciente de ser constitutivamente relacional y por ello sinodal (*Discurso en la primera congregación general de la segunda*

sesión de la XVI Asamblea General Ordinaria del Sínodo de los Obispos, 2 de octubre de 2024), para la misión (DF 136).

Ahora bien, definir la Iglesia como constitutivamente sinodal implica reconocer que no puede reducirse a un acontecimiento puntual ni a un método. La sinodalidad trasciende las formas institucionales clásicas, como los concilios, los sínodos o los consejos, aunque estas sean expresiones concretas de ella. Más que una mera práctica funcional y organizativa, la sinodalidad debe entenderse como un modo eclesial de ser y proceder[27], una realidad constitutiva de la Iglesia, pueblo de Dios, y también constituyente del *nosotros eclesial* en cuanto es el eje estructurador de toda la vida eclesial. Esto lo hace involucrando a la totalidad del pueblo de Dios en acciones y procesos de escucha recíproca, discernimiento comunitario, elaboración conjunta y toma compartida de decisiones que determinen la misión de la Iglesia. De esta manera, concreta el clásico principio medieval: "Lo que afecta a todos debe ser tratado y aprobado por todos" (*quod omnes tangit ab omnibus tractari et approbari debet*).

Podemos afirmar que la sinodalidad representa la profundización y maduración de la recepción de la eclesiología del pueblo de Dios desarrollada en el Concilio Vaticano II. Este proceso ha conducido al redescubrimiento de la teología del *sensus fidei fidelium* como el camino más adecuado para lograr una *sinodalización* efectiva en toda la Iglesia. Este redescubrimiento, a su vez, ha revitalizado la dimensión pneumatológica de la Iglesia, haciendo de la práctica del *sensus fidei fidelium* la fibra generadora de una nueva configuración eclesial: una figura de Iglesia pueblo de Dios constitutivamente sinodal.

---

27. Cf. R. Luciani - S. Noceti (co-autores), *Sinodalmente. Forma y reforma de una Iglesia sinodal*, PPC, Madrid 2023, 37-50.

3. EL REDESCUBRIMIENTO DEL FUNDAMENTO PNEUMATOLÓGICO DEL PUEBLO DE DIOS

3.1. Del *sensus fidei fidelis* al *sensus fidei fidelium*

Hasta el Concilio Vaticano I el *sensus fidei* estaba más relacionado con el discernimiento del contenido de la fe. Luego, Newman y otros hicieron énfasis en el acto de la fe o el acto de creer. El recurso explícito al *sensus fidei* había sido usado solo para la declaración de los dogmas marianos de la Inmaculada Concepción y de la Asunción. Será en el desarrollo de la teología del laicado, antes del Concilio Vaticano II, especialmente con Congar, que el *sensus fidei* deje de ser una cuestión epistemológica y pase a considerarse eclesiológicamente. El Concilio Vaticano II sentó las bases de este giro en la teología del bautismo y en la pneumatología.

El Concilio Vaticano II destaca dos acepciones del *sensus fidei*[28]. En tanto *sensus fidei fidelis* es la capacidad connatural de cada fiel, individualmente, recibida en el bautismo, que le permite ofrecer consejos y hacer discernimiento en cuestiones de fe[29]. Sin embargo, esta solo se activa como *sensus fidei fidelium*, es decir, en la interacción mutua y recíproca de todos los fieles entre sí por medio de ciertos *modos relacionales* y *dinámicas comunicativas*. Esto queda recogido en *Lumen gentium* al afirmar que "la *totalidad de los fieles*, que tienen la

---

28. Un buen desarrollo de la teología postconciliar del *sensus fidei fidelium* se encuentra en las siguientes publicaciones: D. VITALI, *Sensus fidelium. Una funzione ecclesiale di intelligenza della fede*, Morcelliana, Brescia 1993; D. J. FINUCANE, *Sensus fidelium. The use of a concept in the post-Vatican II era*, Wipf & Stock, Oregon, 1996; J. J. BURKHARD, *The sense of the faith in History. Its sources, reception and theology*, Liturgical Press, Collegeville (MI) 2022; O. RUSH, *The eyes of the faithful. The sense of the faithful and the Church`s reception of Revelation*, Catholic University of America, Washington 2009.

29. COMISIÓN TEOLÓGICA INTERNACIONAL, *El sensus fidei en la vida de la Iglesia*, n. 3.

unción del Santo (cf. 1Jn 2,20 y 27), no puede equivocarse cuando cree, y esta prerrogativa peculiar suya la manifiesta mediante *el sentido sobrenatural de la fe de todo el pueblo* cuando desde los obispos hasta los últimos fieles laicos presta su consentimiento universal en las cosas de fe y costumbres" (LG 12).

Dicha totalidad orgánica de fieles está constituida por la diversidad de sujetos según las vocaciones, carismas y ministerios de cada uno. Además, todos estos sujetos son personas diversas en cuanto a género, cultura, experiencia, formación. Por ello, para evitar cualquier visión que pueda considerar al ministerio ordenado como dueño e intermediador de la presencia del Espíritu, los padres conciliares reafirmaron que "el mismo Espíritu Santo no solo santifica y dirige el pueblo de Dios mediante los sacramentos y los misterios y le adorna con virtudes, sino que también distribuye gracias especiales entre los fieles de cualquier condición" y "los hace aptos y prontos para ejercer las diversas obras y deberes que sean útiles para la renovación y la mayor edificación de la Iglesia" (LG 12). Quisieron destacar que el Espíritu no hace distinción alguna para manifestarse y, además, que lo hace a través de muchas mediaciones, y no sólo la ministerial y sacramental, que eran las dos fundamentales antes del Vaticano II y, especialmente, en el modelo tridentino.

No podemos reducir el *sensus fidei fidelium* a una mera operación de la inteligencia de la fe[30] porque mediante este la Iglesia realiza y construye la comunión cristiana entre los fieles. Podemos caracterizarlo como una dinámica del Espíritu que se activa comunitariamente en la interacción de todos los sujetos eclesiales, cuando estos se reúnen, escuchan y disciernen juntos. De aquí deriva una consecuencia importante para la comprensión del *sensus fidei*: la comunicación del Espíritu no es nunca unidireccional, no se dirige "a" la jerarquía, sino que está mediada "por" el pueblo de Dios y es constitutiva de él. Como afirmó Mons. de Smedt, "el cuerpo docente [obispos] no descansa exclusivamente en la acción del Espíritu Santo sobre los obispos; sino que también [está llamado a] escuchar la acción del mismo espíritu en el pueblo de Dios. Por lo

---

30. "En la mirada sencilla y directa sobre la realidad conocemos siempre más cosas de las que pueden consignar la reflexión y el análisis minucioso de este conocimiento y de su profundidad (...). No es posible decir que el desarrollo consciente de la fe de la Iglesia avance únicamente a base de penetración conceptual-lógica", K. RAHNER, "Sobre el problema de la evolución del dogma", en *Escritos de teología*, Cristiandad, Madrid 2000, Tomo I, 62-63.

tanto, el cuerpo docente no solo habla al pueblo de Dios, sino que también escucha a este pueblo en quien Cristo continúa su enseñanza"[31].

Esto es algo muy relevante si pensamos en una Iglesia sinodal, porque "incluir al obispo entre los *fideles* en la noción *sensus fidelium* es una manera importante de resaltar el hecho de que ningún obispo ejercita su función oficial en el magisterio sin que su propio *sensus fidei fidelis* entre de algún modo en juego". De hecho, "puede ocurrir en algunos casos que esa fe no formada que Tillard atribuía a muchos laicos, se aplique a algunos obispos cuya formación teológica no se desarrolló más allá de los años del seminario"[32]. La *Síntesis de la fase continental del Sínodo sobre la sinodalidad en América Latina y el Caribe* recoge este sentir en la voz de muchos obispos: "estamos aprendiendo que, si el ministerio de los obispos no se sitúa dentro de una eclesialidad sinodal, puede empobrecerse" (SFC ALyC 96).

Estamos ante un pasaje fundamental para comprender el giro eclesiológico del Vaticano II, porque muestra la superación del modelo preconciliar de una Iglesia que enseña (*ecclesia docens*) separada de otra que aprende (*ecclesia discens*), como se había configurado especialmente en el siglo XIX (AS 3/6,97). Es la comunidad de los creyentes como totalidad de fieles reunidos y relacionándose orgánicamente, el sujeto del *sensus fidei*. Además, es ella quien continúa transmitiendo y actualizando el contenido de la fe. Se trata, pues, de una *dinámica generativa* que, a través del proceso que pone en marcha, construye y refuerza la comunión entre todos los fieles —*communio fidelium*— y los va co-constituyendo en un gran *nosotros eclesial*[33].

3.2. La novedad del *sensus fidei totius populi*

A esto podemos agregar otro elemento que se ha podido palpar a lo largo de las diversas fases y asambleas del Sínodo de la sinodalidad. La práctica del *sensus fidei* genera una *experiencia compartida* que da forma a una *conciencia*

---

31. Cf. E.-J. DE SMEDT, *The priesthood of the faithful*, Paulist Press, NY 1962, 89-90.

32. O. RUSH, *The Eyes of Faith. The Sense of the Faithful and the Church's Reception of Revelation*, The Catholic University Press, Washington 2009, 269.

33. Cf. S. NOCETI, *Ecclesiologia*, en A. MELLONI (ed.), *Dizionario del pensiero storico religioso del Novecento*, Il Mulino, Bologna 2010, 811-841.

comunal y convivial de la fe. A esto lo podemos denominar *sensus fidei totius populi*[34], que es más que el sujeto colectivo que se activa por medio de la interacción de los muchos fieles entre sí —o *sensus fidelium*—. Así, el *sensus populi* se refiere a la dimensión comunal de la fe que da forma a la conciencia cristiana y que surge a través de modos relacionales y dinámicas comunicativas como el diálogo, la escucha recíproca o el discernimiento comunitario, que son *con*-vividos en la cotidianidad, tanto en el ámbito de la sociedad como en los espacios compartidos de una asamblea.

En la primera sesión de la XVI Asamblea General del Sínodo de los obispos de octubre de 2023 se reconoció que gracias a esta experiencia convivida se fue entretejiendo un *mundo vital compartido*: "la palabra *conversación* expresa algo más que un simple diálogo: entrelaza de modo armónico pensamiento y sentimiento y genera un mundo vital compartido. Por lo que se puede decir que en la conversación está en juego la conversión" (*Informe de síntesis*, 2d). Esto posibilitó lograr, durante la segunda sesión de la Asamblea en octubre de 2024, una "comprensión compartida de la sinodalidad" (DF 11), como aparece en el *Documento final*.

En la base de todo esto está el reconocimiento de que "la experiencia de la fe va inscrita, pues, en el interior de una dinámica que nadie puede realizar a solas, sino *en el ámbito de convivencia y de acción común* propios de la comunidad creyente"[35] y, procediendo de este modo, nos constituimos en Iglesia *Pueblo de Dios*. Esto es lo que provee la experiencia de vivir el paso del *sensus fidei fidelis* al *sensus fidei fidelium* hasta construir el *sensus fidei totius populi*. Es esto lo que va forjando la conciencia común de ser sujetos en el Pueblo de Dios, sin excepciones ni exclusiones (LG 12), y permite alcanzar decisiones compartidas con miras a consensos eclesiales. Podemos señalar, pues, que *Lumen gentium*, n. 12 ofrece dinámicas comunicativas eclesiales pluridireccionales que se realizan *en el Espíritu* y en el interior de la diversidad del *nosotros eclesial*.

---

34. Cf. R. Luciani, "Reforma, conversión pastoral y sinodalidad. Un nuevo modo eclesial de proceder", R. Luciani y M. T. Compte (eds.), *En camino hacia una Iglesia sinodal. De Pablo VI a Francisco*, PPC, Madrid 2020, 178-181.

35. R. Velasco, *La Iglesia de Jesús*, Verbo Divino, Estella, 1992, 254.

3.3. El *sensus fidei* como fibra generatriz de los procesos sinodales

Después del Concilio Vaticano II muchos obispos reconocieron haber vivido un proceso de aprendizaje que, a lo largo de cuatro años, los había transformado profundamente al sentirse parte integrante de un cuerpo eclesial dispuesto en actitud de escucha al Espíritu[36]. Algo análogo ocurre hoy a la luz de los nuevos desarrollos de la teología del *sensus fidei*. El *Documento final* de la XVI Asamblea General Ordinaria del Sínodo de los Obispos reconoce, explícitamente, que todo "el camino ha estado marcado en cada etapa por la sabiduría del 'sentido de la fe' del pueblo de Dios" (DF 3). Como sostuvieron los padres conciliares durante el proceso redaccional de *Dei verbum* 10, podemos hablar de "un proceso dinámico a partir del cual brota el sentido común de los fieles" (Cf. AS 3/3, 139).

Evitando cualquier rasgo de autorreferencialidad, el *Vademecum* que acompañó al *Documento preparatorio* del Sínodo de la sinodalidad precisa que "todos los bautizados son el objeto del *sensus fidelium*, la voz viva del pueblo de Dios", pero, "al mismo tiempo, para participar plenamente en el acto de discernimiento, es importante que los bautizados *escuchen las voces de otras personas* en su contexto local, incluidas las personas que han dejado la práctica de la fe, las personas de otras tradiciones de fe, las personas sin creencias religiosas, etc." (*Vademecum*, parte 2). Esto ha supuesto aprender a escuchar y discernir las "palabras humanas" de cualquier persona y no solo de los bautizados, porque a través de todas, sin excepción, se escuchan las "palabras de Dios" (*Dei verbum*, n. 13). Entendida así, la escucha permite acceder al "tesoro teológico contenido en el relato de una experiencia: la de haber escuchado la voz del Espíritu por parte del pueblo de Dios, permitiendo que surja su *sensus fidei*"[37].

Por eso, la relación entre la teología del *sensus fidei* y la práctica de la escucha al Espíritu en la Iglesia no son algo instrumental. La escucha no es una concesión como tampoco un mero método funcional, sino una auténtica expresión del reconocimiento de la presencia del Espíritu en todo el pueblo de Dios, cuya autoridad teológica proviene del hecho de que, "en el único bautismo, todos los cristianos participan del *sensus fidei* o sentido sobrenatural de la fe por lo que,

---

36. Cf. L. Orsy, *The Church: Learning and Teaching*, Michael Glazier, Wilmington (DE), 1987, 39-41.

37. *Documento de trabajo para la etapa continental*, "Ensancha el espacio de tu tienda", 8.

en una Iglesia sinodal, todos son escuchados con atención" (*Instrumentum laboris* 2023. B.1.4). El *Informe de síntesis* de la primera sesión de la XVI Asamblea General Ordinaria del Sínodo de los obispos (octubre del 2023) recapitula esta idea y sostiene que, por el bautismo, "todos los cristianos participan del *sensus fidei* y por ello han de ser escuchados con atención, independientemente de su tradición" (*Informe de síntesis* 7.b).

La teología del *sensus fidei* ha sido la fibra generatriz de todo proceso sinodal desde el inicio. Debido a esto, ha ido emergiendo la conciencia de que el sentido de la fe de todos los fieles no se refiere a una experiencia individual o afectiva, sino a dinámicas comunicativas y modos relacionales que, al activarse en la cotidianidad convivida, generan la *figura* de una Iglesia constitutivamente sinodal, ya que "el *sensus fidelium* postula un nuevo concepto de Iglesia: *la Iglesia es todo el pueblo de Dios, pastores y fieles. El interés, por tanto, no es tanto* qué *o* cómo *se conoce, sino* quién *conoce. El* quién *se convierte entonces en todo el cuerpo eclesial*"[38]. Es el pueblo de Dios, sujeto comunitario e histórico, quien tiene autoridad teológica y, por medio del *sensus fidei fidelium*, pasa a ser fuente y mediación de la revelación, ofreciendo así una maduración continua en la comprensión de la revelación.

---

38. L. Borgna, *Sensus fidei. Rilevanza canonico-istituzionale del sacerdozio comune*, Marcianum Press, Venezia 2022, 149.

4. MODOS RELACIONALES Y DINÁMICAS COMUNICATIVAS
QUE SINODALIZAN A LA IGLESIA

4.1. Reaprender la práctica de la escucha recíproca

Nos hemos referido a que "la unción del Espíritu Santo se manifiesta en el *sensus fidei* de [todos] los fieles"[39], y no en "algunos" o en "uno" aisladamente. Esto acontece a través de modos de relacionarnos y comunicarnos que deben ser propios de la vida y la organización eclesial, como las acciones de consultar, escuchar, dialogar, discernir en común, recibir consejos, elaborar decisiones juntos y rendir cuentas. El *Documento para la etapa continental* del Sínodo sobre la sinodalidad reconoce que "la escucha y el diálogo son el camino para acceder a los dones que el Espíritu nos ofrece a través de la variedad multiforme de la única Iglesia: carismas, vocaciones, talentos, habilidades, lenguas y culturas, tradiciones espirituales y teológicas, diferentes formas de celebrar y dar gracias" (DEC 102). Sobre esta base, el papa Francisco alude a estas dinámicas para definir el modelo de una Iglesia constitutivamente sinodal. Así lo expresó: "una Iglesia sinodal es una Iglesia de la escucha, con la conciencia de que escuchar es más que oír". E inmediatamente agregó: "es una escucha recíproca en la cual cada uno tiene algo que aprender. Pueblo fiel, colegio episcopal, Obispo de Roma: uno en escucha de los otros"[40].

La escucha supone abrirse a modos relacionales vinculantes para que todos los fieles puedan caminar juntos, cada uno aportando algo al otro según *suo modo et pro sua parte* (LG 31). Además, es siempre "recíproca" y no podemos atribuirla o asignarla solo a algunos sujetos eclesiales considerados individualmente, porque, como explicó el cardenal Suenens, "en el pueblo de Dios, las

---

39. COMISIÓN TEOLÓGICA INTERNACIONAL, *La sinodalidad en la vida y en la misión de la Iglesia*, 56.
40. FRANCISCO, *Discurso para la conmemoración del 50 aniversario de la institución del Sínodo de los obispos* (17.10.2015).

funciones, las tareas, los ministerios, los estados de vida y los carismas están unidos *orgánicamente* en una red multiforme de lazos estructurales y de relaciones vitales"[41]. Nunca existimos como individuos aislados, sino que nos vamos co-constituyendo en el gran *nosotros eclesial* que es el pueblo de Dios.

La complejidad y el desafío de este modelo suponen una conversión y un reaprendizaje en el modo como vivimos la cultura eclesial actual, porque "escuchar requiere que reconozcamos a los demás como sujetos de su propio viaje. Cuando lo hacemos, los demás se sienten acogidos, no juzgados, libres de compartir su propio camino espiritual. Esto se ha experimentado en muchos contextos, y para algunos ha sido el aspecto más transformador de todo el proceso. La experiencia sinodal puede leerse como un camino de reconocimiento para quienes no se sienten suficientemente reconocidos en la Iglesia" (DEC 32). Esta práctica está siendo rescatada hoy. En el proceso sinodal "la gente comentó que era la primera vez que se les pedía que hablaran a pesar de que llevaban décadas asistiendo a la Iglesia (CE Pakistán)" (DEC 23). También dijeron que "era la primera vez que la Iglesia les pedía su opinión y que deseaban continuar este camino (...) donde todos los miembros de la asamblea o comunidad pueden expresar abierta y honestamente su opinión (CE Letonia)" (DEC 17). Escuchar es, pues, una poderosa dinámica que genera y fortalece un modo de ser y proceder sinodal en toda la Iglesia. De hecho,

> no escuchar conduce a la incomprensión, la exclusión y la marginación. Como consecuencia ulterior, crea cerrazón, simplificación, falta de confianza y temores que destruyen la comunidad. Cuando los sacerdotes no quieren escuchar, poniendo excusas, como el gran número de actividades, o cuando las preguntas quedan sin respuesta, surge en el corazón de los fieles laicos un sentimiento de tristeza y alejamiento. Sin escucha, las respuestas a las dificultades de los fieles se sacan de contexto y no abordan la esencia de los problemas que viven, convirtiéndose en moralismo vacío. Los laicos sienten que la huida de la escucha sincera proviene del miedo a tener que comprometerse pastoralmente. Un sentimiento similar crece cuando los obispos no tienen tiempo para hablar y escuchar a los fieles (DEC 33).

Esto no es algo fácil de hacer. Requiere formación y experiencia, así como poner a nuestra disposición los medios necesarios para evitar discusiones vacías basadas en opiniones o guerras culturales. Por ejemplo, una escucha auténti-

---

41. Card. L.J. Suenens, *La corresponsabilidad en la Iglesia de hoy*, Desclée de Brouwer, Bilbao, 1969, 7.

ca supone "favorecer la difusión más completa de la información, permitir la consulta y la expresión serena de puntos de vista distintos, apoyar el estudio que lleva a la maduración de las ideas, enmarcar el intercambio y la deliberación que conducen a la toma de decisiones, favorecer la retroalimentación para comprender las orientaciones tomadas, etc."[42]. Todo esto contribuirá al cambio que se necesita en la cultura eclesial y el modelo institucional heredado del segundo milenio en el que la forma organizativa tenía base en dinámicas comunicativas unidireccionales, *top-down*, expresadas en el ejercicio monárquico de la autoridad. Hoy en día, la teología del *sensus fidei* nos está enseñando que, en un modelo institucional para el tercer milenio,

> la clave es la refundación de una figura eclesial sobre la base de dinámicas comunicativas ampliadas a la aportación de todos los sujetos eclesiales. Los procesos comunicativos unidireccionales, basados en el principio de la autoridad delegada, que todavía hoy operan a distintos niveles, fragilizan la figura de la Iglesia, porque no valoran ni permiten el reconocimiento de las múltiples competencias, especialmente de los laicos, las mujeres y los jóvenes. Se trata de promover dinámicas de comunicación multidireccionales, en red, capaces —en diálogo— de crear espacios para una historia eclesial en la que se es a la vez protagonista y corresponsable, todo ello a partir del bautismo que nos convierte en ciudadanos de pleno derecho de la Iglesia[43].

4.2. Un proceso dificultoso y complejo para la institución eclesiástica

Estos modos relacionales y dinámicas comunicativas mencionados —como son: consultar, escuchar, dialogar, discernir en común, recibir consejos, elaborar decisiones juntos y rendir cuentas— son el medio capaz de generar relaciones que rompan con la autorreferencialidad del no-lugar, que es aquel en el cual la propia palabra de "uno" o de "algunos" se absolutiza y solo expresa el sí mismo, incapaz de abrirse e incluirse en el "todos" y, por tanto, termina por convertirse en obstáculo para construir el *nosotros eclesial*. Por eso, la escucha es inherente a una Iglesia sinodal pues integra una atención a la palabra que lleva a un otro, diferente y dispuesto a crear la novedad y el desborde de la

---

42. G. ROUTHIER, "La synodalitè dans l'Église locale", *Scripta Theologica* 48 (2016) 695-696.
43. R. LUCIANI - S. NOCETI, *En camino hacia una Iglesia constitutivamente sinodal*, Edic. Claretiana - CELAM - Publicaciones Claretianas, Madrid 2025, 25.

propia conversión. Además, si la escucha es auténtica habrá de ser recíproca y comportará un discernimiento silente que, a su vez, conducirá a pronunciar otra expresión distinta, de modo que se pase del "yo" al "tú" al "nosotros" y, superando la unilateralidad, inserte la interacción de los fieles en el "entre"[44], en el encuentro mutuo deseoso de desbordarse en algo nuevo.

Ejercitar estas dinámicas comunicativas sinodales es la vía para construir la comunión eclesial porque suponen el reconocimiento del derecho de palabra que tiene cada persona y la disposición de los insumos necesarios para realizar un diálogo y discernimiento transparentes. También ofrecen el marco más adecuado para la renovación de la identidad y el ejercicio del ministerio jerárquico. El filósofo Austin sostuvo que "decir algo es hacer algo, o al decir algo hacemos algo"[45]. No estamos ante un proceso fácil porque, aunque estos modos relacionales y dinámicas comunicativas deberían ser propios del ser eclesial, no ha sido esa la práctica de la Iglesia. Si queremos generar cambios en la vida eclesial, hoy nos encontramos con el desafío de crear las precondiciones apropiadas a fin de que la palabra pronunciada y escuchada recíprocamente, sea también discernida entre todos con el fin de llegar a decisiones compartidas. Estas precondiciones se relacionan con lo dicho anteriormente sobre la convivialidad que supone el *sensus fidei totius populi*.

Ahora bien, la escucha no funciona por sí misma. Debe existir un procedimiento o método susceptible de ser practicado por los participantes de forma correcta y cumplirse en todos sus pasos. Además, requiere que las personas se sientan animadas con el propósito de conducirse de una manera congruente y abiertas a la novedad que se pueda producir. Sin precondiciones y ambientes que faciliten la apertura al otro y su respectiva conversión al nosotros, el resultado es predecible: la escucha será "desafortunada", lo cual terminará revelando una falta de asertividad de los sujetos en la Iglesia con respecto a la realidad. De ahí que una práctica adecuada de estos procedimientos evitaría caer en un nominalismo vacío, en una interacción humana que se quede en el plano afectivo o en opiniones basadas en guerras culturales, sin que se logre captar el *sensus fidei*, a través del cual el Espíritu habla a las iglesias.

La actual transición de modelos y culturas eclesiales nos sitúa en un gran desafío. El *Documento preparatorio* del Sínodo sobre la sinodalidad lo señala al decir que

---

44. Cf. M. Buber, *¿Qué es el hombre?*, FCE, Bogotá 1994, 147, 151.

45. J. Austin, *Cómo hacer cosas con palabras*, Paidós, Barcelona 1982, 138.

"la capacidad de imaginar un futuro diverso para la Iglesia y para las instituciones a la altura de la misión recibida depende en gran parte de la decisión de comenzar a poner en práctica procesos de escucha, de diálogo y de discernimiento comunitario, en los que todos y cada uno puedan participar y contribuir" (DP 9). Se trata de comenzar a poner en práctica "la escucha recíproca, el intercambio y la comunicación, el compartir y la solidaridad, el deseo de llegar a un consenso, a una convicción común. Esto requiere la voluntad de colaborar y cooperar, de aceptar y de acoger, de dar y de recibir. Supone relaciones impregnadas de respeto y de caridad, de humildad y de pobreza. Así es el espíritu sinodal"[46]. Esta ha sido la experiencia que se encuentra narrada en la *Síntesis de la fase continental* del Sínodo de la sinodalidad en América Latina y el Caribe. Los consultados dijeron que "el discernimiento de las voces y las expresiones del *sensus fidei fidelium*, la participación responsable y corresponsable de todos, presenta el marco interpretativo adecuado –teórico y práctico– para escucharnos, dialogar y discernir juntos a partir de la común dignidad recibida en la gracia filial y fraterna del bautismo" (SFC ALyC 96).

La teología y la práctica del *sensus fidei* es la fibra generatriz de una figura de Iglesia constitutivamente sinodal en la cual "el objetivo del discernimiento eclesial sinodal [es] conducir a una decisión compartida en obediencia al Espíritu Santo" (IL 2024, 70), lo que implica que no puede ser aislada, se trata de lograr una decisión en la cual la jerarquía y el resto de los fieles puedan coincidir. Quizá no se ha hecho suficiente énfasis en lo que está en juego: si fracasamos en crear una nueva cultura eclesial sinodal, va a prevalecer un modelo de Iglesia piramidal y universalista en el que seguirán primando una "insuficiente consideración del *sensus fidelium*, la concentración del poder y el ejercicio aislado de la autoridad, un estilo centralizado y discrecional de gobierno, y la opacidad de los procedimientos regulatorios"[47]. Este escenario nos coloca ante un momento de *eclesiogénesis* que estimula a dar un nuevo giro eclesiológico: ir del "nosotros colegial del episcopado reunido en la unidad *cum Petro et sub Petro*" al "nosotros eclesial, en el que cada 'yo', estando revestido de Cristo (cf. Gál 2,20), vive y camina con los hermanos y las hermanas como sujeto responsable y activo en la única misión del pueblo de Dios" (CTI, *La sinodalidad*, 60.107).

---

46. B. FRANCK, "Les expériences synodales après Vatican II", *Communio* III/3 (1978) 77.

47. A. BORRAS, "Sinodalità ecclesiale, processi partecipati e modalità decisionali", en C. M. GALLI - A. SPADARO (eds.), *La riforma e le riforme nella Chiesa*, Queriniana, Brescia 2016, 207-232, 208.

Pero esto requerirá reconocer que "los bautizados no solo tienen derecho a ser escuchados, sino que sus reacciones a lo que se propone como perteneciente a la fe de los Apóstoles deben ser tomadas con la máxima seriedad, porque es por toda la Iglesia que la fe apostólica es llevada en el poder del Espíritu. El Magisterio no tiene responsabilidad exclusiva" (CTI, *Sensus fidei*, 74).

4.3. Rearticulando la relación entre "todos, algunos y uno"

La puesta en práctica de modos relacionales y dinámicas comunicativas sinodales nos está enseñando que la última palabra no la tienen, aisladamente, *algunos* (obispos) o *uno* (Papa), sino que habrá de ser fruto de un ejercicio del poder concebido bajo el criterio de la "corresponsabilidad diferenciada" (cf. DF 28, 36, 89, 103) en el marco de "procesos decisionales compartidos"[48] con el fin de "constituir un consenso singular" (*fidelium conspiratio*)[49]. Por ello, la teología del *sensus fidei* no se puede valorar como algo meramente pragmático o pasivo, sin efectividad alguna para producir cambios reales. Por el contrario, su dinamismo ha ido generando —en su prometedora emergencia— una *figura de Iglesia* en la que se comienza a ver la necesidad de rearticular la relación entre "todos, algunos y uno" a partir de la escucha recíproca, de modo que "el pueblo fiel [todos], el colegio episcopal [algunos] y el Obispo de Roma [uno], [está cada] uno en escucha de los otros"[50].

Nuevamente el concepto de "totalidad de los fieles" (LG 12) es clave porque supone la articulación de la secuencia *todos, algunos y uno*. De otro modo, ¿cómo podemos comprender que *todos* —y no solo *algunos* o *uno* — debemos estar a la escucha del Espíritu Santo para conocer lo que "dice a las iglesias" (Ap 2,7)?[51]. Un avance importante en esta dirección ha sido lo ocurrido durante la XVI Asam-

---

48. Cf. R. T. Kennedy, "Shared Responsibility in Ecclesial Decision Making", *Studia Canonica* 14 (1980) 5-23; E. Duffy, "Processes for communal discernment", *Jurist* 71 (2011) 77-90; B. E. Hinze, *Prophetic Obedience: Ecclesiology for a Dialogical Church*, Orbis Books, NY 2016; J. Gruber, "Consensus or Dissensus?", *Louvain Studies* 43 (2020) 239-259.

49. Cf. R. Luciani, "Hacia una efectiva sinodalización de toda la iglesia" en R. Luciani - S. Noceti - C. Schickendantz (eds.), *Sinodalidad y reforma. Un desafío eclesial*, PPC, Madrid 2022, 115-135. También cf. *Dei verbum* 10.

50. Francisco, *Discurso para la conmemoración del 50 aniversario de la institución del Sínodo de los obispos*, 17 de octubre de 2015.

51. *Ibid.*

blea General Ordinaria del Sínodo de los Obispos en la que se ha puesto en práctica la reforma que ha hecho Francisco en la constitución apostólica *Episcopalis communio* que logró "concretamente la articulación entre la implicación de *todos* (el pueblo santo de Dios), el ministerio de *algunos* (el colegio episcopal) y la presidencia de *uno* (el Sucesor de Pedro)", como lo describe el *Documento final*:

> Es ahora, en forma de proceso por etapas, expresión e instrumento de la *relación constitutiva entre todo el pueblo de Dios, el colegio de los obispos y el Papa* (...). La composición de esta XVI Asamblea General Ordinaria es "más que un hecho contingente. Esta expresa una modalidad del ejercicio del ministerio episcopal coherente con la Tradición viva de la Iglesia y con la enseñanza del Concilio Vaticano II" (*Discurso en la Primera Congregación General de la Segunda Sesión de la XVI Asamblea General Ordinaria del Sínodo de los Obispos*, 2 de octubre de 2024). El Sínodo de los Obispos, aun conservando su naturaleza episcopal, ha visto y podría ver en el futuro, en la participación de otros miembros del pueblo de Dios, "la forma en que está llamado a *asumir el ejercicio de la autoridad episcopal en una Iglesia consciente de ser constitutivamente relacional y por ello sinodal*" (*ibid*.), para la misión. En la profundización de la identidad del Sínodo de los Obispos es esencial que, en el proceso sinodal y en las Asambleas, aparezca y *se realice concretamente la articulación entre la implicación de todos (el pueblo santo de Dios), el ministerio de algunos (el colegio episcopal) y la presidencia de uno (el Sucesor de Pedro)* (DF 136).

Un primer fruto que estamos viviendo es el hecho de que la Asamblea en su totalidad pasó a ser el *sujeto* real de todo el proceso sinodal. Esto se reafirma cuando el Papa —*uno*—, como miembro que preside la Asamblea, asume el *Documento final*, que ha sido elaborado, votado y aprobado por *todos*, como parte de su magisterio ordinario. Así lo expresó en su *Nota* adjunta del 25 de noviembre de 2024:

> el *Documento final* participa del magisterio ordinario del Sucesor de Pedro (cf. EC 18 § 1; CCC 892) y como tal pido que se acepte. Representa una forma de ejercer la enseñanza auténtica del Obispo de Roma que tiene algunos rasgos nuevos, pero que en realidad corresponde a lo que tuve la oportunidad de precisar el 17 de octubre de 2015, cuando afirmé que *la sinodalidad es el marco interpretativo adecuado para comprender el ministerio jerárquico*[52].

---

52. FRANCISCO, *Nota de acompañamiento del Documento final de la XVI Asamblea General Ordinaria del Sínodo de los Obispos* (25.11.2024) <https://press.vatican.va/content/salastampa/it/bollettino/pubblico/2024/11/25/0934/01866.html>.

5. UNA "ULTERIOR RECEPCIÓN DEL CONCILIO VATICANO II" EN UNA *IGLESIA DE IGLESIAS*

5.1. Redescubrir la catolicidad de la *Ecclesia tota*

A través de la práctica del *sensus fidei* se ha logrado ensanchar la conciencia y la experiencia que teníamos de Iglesia. La interacción entre fieles de pueblos, culturas, contextos y géneros diversos ha puesto en evidencia las muchas particularidades antropológicas, teológicas, litúrgicas, espirituales, pastorales y canónicas que existen en cada lugar sociocultural donde la Iglesia está presente. El *Instrumentum laboris* de la primera sesión de 2023 describe esta experiencia del siguiente modo: "hemos podido tocar con nuestras propias manos la catolicidad de la Iglesia, que, en las diferencias de edad, sexo y condición social, manifiesta una extraordinaria riqueza de carismas y vocaciones eclesiales y guarda un tesoro de diversidad de lenguas, culturas, expresiones litúrgicas y tradiciones teológicas (...). Del mismo modo, hemos descubierto (...) la variedad de formas en que se experimenta y se entiende la sinodalidad en las distintas partes del mundo" (n. 6). De esto también da testimonio el *Instrumentum laboris* de la segunda sesión de 2024:

> a lo largo del proceso sinodal, el deseo de unidad de la Iglesia ha crecido a la par que la conciencia de su diversidad, de la que es portadora. Ha sido precisamente el compartir entre las Iglesias lo que nos ha recordado que no hay misión sin contexto, es decir, sin una conciencia clara de que el don del Evangelio se ofrece a personas y comunidades que viven en tiempos y en lugares concretos, que no están encerradas en sí mismas, sino que más bien son portadoras de historias que deben ser reconocidas, respetadas e invitadas a abrirse a horizontes más amplios. Uno de los mayores dones re-

cibidos a lo largo del camino ha sido la oportunidad de encontrar y celebrar la belleza del rostro pluriforme de la Iglesia (n. 11).

Más que por el conocimiento adquirido acerca de esta amplia noción, ha sido la vía de la experiencia, la participación y las relaciones que se fueron entretejiendo entre todos los miembros de la Asamblea lo que ha facilitado una maduración del concepto de catolicidad. Como afirma el *Documento final*, "todo el santo pueblo de Dios, los obispos a quienes se les confía sus porciones y el Obispo de Roma participan plenamente en el proceso sinodal, cada uno según su propia función. Esta participación se manifiesta en la Asamblea sinodal reunida en torno al Papa, que, *en su composición, muestra la catolicidad de la Iglesia*" (DF 136). Así, la conciencia de ser una *Iglesia de iglesias* se ha ido traduciendo hoy en día en un mayor sentido de pertenencia a un complejo poliedro eclesial, en el cual coexisten diversos modelos eclesiológicos, algunos yuxtapuestos y no siempre alineados con el espíritu y el texto del Vaticano II. Poco a poco se vienen derrumbando falsos universalismos heredados del modo de comprender las formas y figuras de Iglesia. Esto ayuda a conocer por qué hay temas sobre los cuales es difícil dialogar en algunos lugares más que en otros, por razones eclesiales, históricas y socioculturales.

En este contexto, el *Informe de síntesis* de la primera sesión de la XVI Asamblea General Ordinaria del Sínodo de los obispos de octubre del 2023 declara la emergencia de algo nuevo, de "una ulterior recepción del Concilio" (*Informe de síntesis*, Introducción) de la eclesiología del pueblo de Dios. Así también lo sostiene el *Documento final* de la segunda sesión de la Asamblea de octubre de 2024: "el camino sinodal está poniendo en práctica lo que el Concilio enseñó sobre la Iglesia como misterio y pueblo de Dios, llamada a la santidad a través de una conversión continua que nace de la escucha del Evangelio. En este sentido, constituye un verdadero acto de una ulterior recepción del Concilio, prolongando su inspiración y relanzando su fuerza profética para el mundo de hoy" (n. 5). Es una fase eclesial en la que vamos aprendiendo a vivir la unidad en la diversidad en el marco de la *communio fidelium*, la *communio episcoporum* y la *communio ecclesiarum*.

No es siempre fácil, porque aún cargamos con la pesada herencia de la eclesiología universalista y jerárquica del segundo milenio, que no ha logrado ser superada completamente durante el postconcilio. La figura de Iglesia que está emergiendo —con no pocas dificultades— es descrita en el *Instrumentum laboris* de la segunda sesión de 2024 en los siguientes términos:

> la Iglesia no puede entenderse sin estar arraigada en un lugar y en una cultura y sin las relaciones que se establecen entre lugares y culturas (...). La dimensión del lugar custodia la pluralidad originaria de las configuraciones de esta experiencia y su arraigo en contextos culturales e históricos específicos. La variedad de las tradiciones litúrgicas, teológicas, espirituales y disciplinarias es la demostración más evidente de cómo esta pluralidad enriquece a la Iglesia y la hace bella. Es la *comunión de las Iglesias*, cada una con su concreción local, la que manifiesta la comunión de los fieles en la Iglesia, una y única, evitando su disolución en un universalismo abstracto y uniformador (n. 80).

Es una figura que no se entiende desde cada iglesia considerada particularmente, como tampoco de un aglomerado de iglesias bajo el paraguas de la universalidad. El *Informe de síntesis* de la primera sesión de la XVI Asamblea General Ordinaria del Sínodo de los obispos de octubre del año 2023 ofrece el marco eclesiológico que estamos viviendo. En vez de usar la expresión *Iglesia universal*, opta por "*Ecclesia tota* como comunión de las iglesias" (capítulos 10 y 19c)[53]. Esta figura de Iglesia, que evita todo "universalismo abstracto y homogeneizador" (IL 2024, Introducción y n. 81), es posteriormente descrita de una forma orgánica y articulada en el *Instrumentum laboris* de 2024:

> el Concilio pudo afirmar que la Iglesia, cuerpo místico de Cristo, es también un cuerpo de iglesias, en las cuales y a partir de las cuales existe una Iglesia católica, una y única (cf. LG 23). Este cuerpo se articula: a) en las iglesias individuales como porciones del pueblo de Dios, cada una confiada a un obispo; b) en las agrupaciones de iglesias, en las que las instancias de comunión están representadas sobre todo por los organismos jerárquicos; c)

---

53. Otra manera de expresar esta relación entre las iglesias locales y la Iglesia universal la aportó Congar al usar la expresión *mutua interioridad* (*intériorité mutuelle*) en 1965 (cf. Y. M.-J. Congar, *La collégialité épiscopale: histoire et théologie*, Cerf, Paris 1965). Aunque con un sentido diferente, Juan Pablo II la usó en su *Discurso a la Curia romana* del 20 de diciembre de 1990 (n. 9). Habló de una "correlación de *mutua interioridad* entre la Iglesia universal y las Iglesias particulares". Más recientemente, reaparece en el *Instrumentum laboris* para la primera sesión del Sínodo sobre la sinodalidad en octubre de 2023: "esta catolicidad se realiza en la relación de *mutua interioridad* entre la Iglesia universal y las iglesias locales, en las cuales y de las cuales «se constituye la Iglesia católica, una y única» (LG 23)" (IL 2023, 12).

en la Iglesia entera (*Ecclesia tota*), donde la Iglesia como comunión de iglesias se expresa por el colegio de los obispos reunidos en torno al Obispo de Roma en el vínculo de la comunión episcopal (*cum Petro*) y jerárquica (*sub Petro*) (n. 88).

Esta misma articulación de la *Ecclesia tota* aparece en el *Discurso inaugural* de la primera congregación general del 2 de octubre de 2024 (cf. Apéndice del *Documento final*):

> Se deben individuar, en tiempos adecuados, distintas formas de ejercicio "colegial" y "sinodal" del ministerio episcopal (en las iglesias particulares, en los agrupamientos de iglesias, en la Iglesia toda), siempre respetando el depósito de la fe y la Tradición viva, siempre respondiendo a lo que el Espíritu pide a las iglesias en este tiempo particular y en los distintos contextos en los que viven.

No se trata solo de una visión orgánica y ordenada de los distintos niveles que constituyen el *ser* de la vida de la Iglesia, sino también el modo articulado mediante el cual se *hace* Iglesia "pueblo de Dios", a saber, a partir del primer nivel de ejercicio de la sinodalidad que es la iglesia local o porción del pueblo de Dios, específicamente lo que se denomina diócesis (CTI, *Sinodalidad* 77). Desde las iglesias locales y a partir de ellas (LG 23) se construye la comunión entre todas —en cuanto agrupaciones de iglesias que pueden existir a nivel nacional, regional o continental (CTI, *Sinodalidad* 85)—, y de todas ellas con la Iglesia de Roma —en el tercer nivel de ejercicio de la sinodalidad que es el universal (CTI, *Sinodalidad* 94).

La articulación ordenada de esos tres niveles de ejercicio de la sinodalidad deja ante los ojos *una figura de Iglesia sinodal* como fruto maduro de la eclesiología del pueblo de Dios. De hecho, el *Instrumentum laboris* aclara que "la reforma de las instituciones eclesiales debe seguir esta articulación ordenada de la Iglesia" (IL 2024, 88). Así tenemos la imagen de una *Iglesia entera* o *Ecclesia tota* que está calando en la conciencia eclesial gradualmente —aunque ciertamente con dificultad—. Como veremos, la articulación y vinculación de los diferentes niveles que conforman la *Ecclesia tota* se logra, de modo efectivo, a través de los nuevos modos relacionales y las dinámicas comunicativas emergentes de la actual recepción de la teología del *sensus fidei* que pueden describirse con la expresión *restitución*.

5.2. La tétrada *tradición-recepción-restitución-consenso* en el interior del *sensus fidei fidelium*

La práctica actual de la teología del *sensus fidei* ha incorporado una dinámica denominada *restitución* que contribuye a configurar la catolicidad en el marco eclesiológico de una *Iglesia de iglesias*. Es una dinámica que permite la articulación de los diferentes niveles que conforman la *Ecclesia tota*: local, agrupaciones y entera. La *restitutio* consiste en restaurar o devolver [en español: restitución; en italiano: *restituzione*] aquello que ha sido consultado, escuchado y discernido por todos los fieles en las iglesias locales, teniendo en cuenta sus realidades específicas, con el propósito de construir consensos que favorezcan las tomas de decisiones pastorales compartidas. El *Documento para la etapa continental* del Sínodo es el primer escrito con este género que "recoge y restituye [*restitutio*] a las iglesias locales lo que ha dicho el pueblo de Dios de todo el mundo, [para] guiarnos y permitirnos profundizar en nuestro discernimiento" (DEC 105).

Detrás de esta nueva dinámica subyace la comprensión de la Iglesia como "Pueblo de Dios encarnado en los pueblos de la tierra, cada uno de los cuales tiene su propia cultura" (*Evangelii gaudium*, n. 115) por lo que escuchar a las voces que habitan en los distintos territorios es reconocer el *estatuto teológico* de la voz de los fieles que hacen Iglesia en un territorio[54]. Esto corresponde a "la percepción del Vaticano II, según la cual la particularidad sociocultural de una región (AG 22) forma parte de la definición teológica de una iglesia local"[55]. De este modo, la restitución pone en práctica lo que Karl Rahner llamó el gran desafío de la Iglesia después del Concilio: convertirse en una *Weltkirche* —Iglesia mundial—, que significa que la Iglesia universal solo existe en comunidades locales concretas y encarnadas que son visibles a través de sus propias características socioculturales[56].

---

54. *Documento final* del Sínodo de los Obispos. Asamblea Especial para la Región Pan-amazónica, 33, 91. <https://www.vatican.va/roman_curia/synod/documents/rc_synod_doc_20191026_sinodo-amaz-zonia_sp.html>. También ver: R. Luciani, "Reconfigurar la identidad y la estructura eclesial a la luz de las Iglesias locales. *Querida Amazonia* y el estatuto teológico de las realidades socioculturales", *Revista Medellín* 179 (2020) 487-515.

55. H. Legrand, "Iglesia(s) local(es), Iglesias regionales o particulares, Iglesia católica", en J. C. Scannone y otros (eds.), *Iglesia universal. Iglesias particulares*, Argentina 2000, 139.

56. "O la Iglesia ve y reconoce estas diferencias esenciales de las otras culturas, en el seno de las cuales debe llegar a ser Iglesia mundial, y de ese reconocimiento saca las consecuencias necesarias con audacia paulina, o bien permanece como una Iglesia occidental, a fin de cuentas, traicionando de esta manera

A la luz de esta valoración eclesiológica, podemos afirmar que la *restitutio* es el camino más adecuado para que, tras haber escuchado y discernido las particularidades teológicas, litúrgicas, espirituales, pastorales y canónicas de cada lugar (EN 62, LG 23, UR 4, AG 19), se promueva tanto el desarrollo de la doctrina como las reformas estructurales y pastorales necesarias para la misión de la Iglesia (*Episcopalis communio*, n, 1). Esta dinámica asegura que la *tradición viva* sea *recibida* en cada lugar mediante un proceso continuo de *restitución* al pueblo de Dios, permitiendo la construcción gradual de *consensos entre todos los fieles*. Así, se realiza el hecho de que "el proceso sinodal tenga su punto de partida y también su punto de llegada en el pueblo de Dios" (EC 1). Gracias a esta tétrada —*tradición-recepción-restitución-consensos*— se generan y consolidan los consensos eclesiales necesarios para avanzar en la misión de la Iglesia y así fortalecer la comunión entre las iglesias y de ellas con la Iglesia de Roma.

En lugar de ser puramente circular, esta dinámica sitúa el *hacer Iglesia* en una *espiral*, donde los consensos alcanzados, válidos para un momento histórico particular, permanecen abiertos a transformarse y adoptar nuevas formas con el paso del tiempo, en consonancia con el principio conciliar de *pastoralidad* que supone "acomodar la palabra revelada" a esos muchos modos socioculturales de vivir de cada pueblo, y este *modo de proceder* es "ley de toda evangelización" (GS 44). Procediendo de este modo, podemos afirmar que, "si una decisión es asumida por la comunidad de creyentes en su conjunto, entonces esta decisión lleva el sello de su validez: bajo las circunstancias dadas, en la situación histórica existente, bajo la presuposición de las formas y las condiciones generales del conocimiento y el pensamiento, esta decisión debe verse así y no de otra forma. El *consensus ecclesiae* lo confirma"[57]. Por ello, el consenso no se construye desde arriba, sino desde abajo y de una forma poliédrica que evita toda homogeneidad; no es elaborado solo por algunos, sino por todos; no es lineal como tampoco solo circular, sino espiral y procesual; y al volver a las iglesias locales, mediante la restitución o devolución de lo dicho por el pueblo, se reconocen públicamente las voces de los fieles, que tienen derecho

---

el sentido que ha tenido el Vaticano II"; K. RAHNER, "Theologische Grundinterpretation des II. Vatikanischen Konzils", *Schriften zur Theologie. Band 14*, Benzinger Verlag, Einsiedeln 1980, 298.

57. P. HÜNERMANN, "Lumen Gentium kommentiert von Peter Hünerman", en P. HÜNERMANN - B. J. HILBERATH (eds.), *Herders Theologischer Kommentar zum Zweiten Vatikanischen Konzil*, Herder, Freiburg 2004, Vol. 2, 440.

a verificar (*accountability*) lo recogido para discernirlo de nuevo hasta alcanzar el *consensus omnium populo Dei* como expresión del *sensus fidei totius populi* o sentido de la fe de todo el pueblo de Dios, antes que de *algunos* o de *uno*, aisladamente.

Esto es lo que la XVI Asamblea General Ordinaria del Sínodo de los Obispos ha comenzado a realizar en la *Ecclesia tota* al entrelazar todas las fases y los sujetos que participaron en el proceso sinodal bajo esta dinámica en forma de espiral. El cardenal Grech se refirió a esto durante sus palabras de inauguración del Sínodo sobre la sinodalidad:

> ¿Qué pasaría si, en lugar de terminar la asamblea entregando el documento final al Santo Padre, diéramos otro paso, el de *devolver* las conclusiones de la asamblea sinodal a las iglesias particulares de las que partió todo el proceso sinodal? En este caso, el documento final iría al Obispo de Roma, que es siempre y universalmente reconocido como el que emite los decretos establecidos por concilios y sínodos, ya acompañados del consenso de todas las iglesias. Además, el consenso sobre el documento no podría limitarse solo al *placet* del obispo, sino extenderse al pueblo de Dios al que convocó de nuevo para cerrar el proceso sinodal abierto el 17 de octubre de 2021. En este caso, el Obispo de Roma, principio de unidad de todos los bautizados y de todos los obispos, recibiría un documento que manifiesta conjuntamente el consentimiento del pueblo de Dios y del colegio episcopal: sería un acto de manifestación del *sensus omnium fidelium*, que sería también al mismo tiempo un acto de magisterio de los obispos dispersos por el mundo en comunión con el Papa[58].

Además, la restitución a cada *portio Populi Dei* —diócesis— de lo recogido durante los procesos de consulta y escucha permite a todos los fieles ejercer un acto de reconocimiento, verificación y corroboración que cualifique el consenso de todo el pueblo de Dios en una *Iglesia de Iglesias*. Esta práctica no es nueva. La encontramos en la tradición de la Iglesia. Es el caso de la regla de oro de san Cipriano que reza: *Nihil sine consilio vestro et sine consensu plebis mea privatim sententia gerere*. Para este obispo, el consejo del presbiterio y

---

58. Card. M. GRECH, *Momento de reflexión para el inicio del proceso sinodal. Mensaje del Cardenal Mario Grech*, 21 de octubre de 2021, <https://www.synod.va/content/dam/synod/document/common/opening/12.-MESSAGGIO_GRECH-IT.pdf>.

el consenso con el pueblo configuraron su ejercicio episcopal, y no tomaba una decisión hasta que no se alcanzara un consenso con todo el pueblo. Esto significaba, concretamente, que a veces tenía que repetir una y otra vez los procesos de consulta, escucha, discernimiento y elaboración de las decisiones. Inspirado en este proceder, el *Documento final* de la XVI Asamblea General Ordinaria del Sínodo de los Obispos recordó que

> ya los Padres de la Iglesia reflexionan sobre el carácter de comunión de la misión del pueblo de Dios a través de un triple "nada sin" (*nihil sine*): "nada sin el obispo" (San Ignacio de Antioquía, *Carta a los Tralianos*, 2,2), "nada sin vuestro consejo [de los presbíteros y diáconos] y sin el consentimiento del pueblo" (San Cipriano de Cartago, *Carta a los hermanos presbíteros y diáconos* 14,4). Cuando se rompe esta lógica del *nihil sine*, se oscurece la identidad de la Iglesia y se inhibe su misión (DF 88).

Este es, quizá, el punto más sobresaliente —no exento de complejidad— de la actual recepción del *sensus fidei fidelium*. Se trata de un momento en el que debemos aprender a recuperar y poner en práctica el principio clásico con el que iniciamos esta reflexión, que ofrece el fundamento de la eclesialidad de esta nueva dinámica comunicativa: "lo que afecta a todos debe ser tratado y aprobado por todos". Esto requiere una cultura eclesial sinodal en la que "cada miembro de la comunidad debe ser respetado, valorando sus capacidades y dones con vistas a una *decisión compartida*" (DF 89).

Las asambleas eclesiales continentales[59] del Sínodo ofrecieron una *forma institucional* que permitió una primera emergencia de esta eclesialidad sinodal,

---

59. El proceso de restitución más logrado fue puesto en práctica en el continente latinoamericano y caribeño por medio de cuatro asambleas regionales que discernieron el *Documento de la etapa continental* durante los meses de febrero y marzo de 2023. Cada región hizo su *Síntesis* y "desde el 17 al 20 de marzo tuvo lugar en la sede del CELAM en Bogotá (Colombia) el encuentro para la redacción de la *Síntesis continental* a partir del aporte de todas las asambleas. Fueron convocados integrantes del *Equipo de reflexión teológico pastoral* (ERTP) del CELAM (muchos de los cuales participaron de las asambleas), los facilitadores que llevaron adelante la metodología en cada encuentro y los integrantes del equipo coordinador de la fase continental". Posteriormente, se efectuó un encuentro con la presencia de los secretarios generales de las conferencias episcopales y la participación *online* de los presidentes, quienes ofrecieron las últimas contribuciones, y aprobaron la *Síntesis de la fase continental* que fue remitida por el Consejo Episcopal Latinoamericano y Caribeño (CELAM) a la Secretaría general del Sínodo, en Roma, el 30 de marzo de 2023. Cf. *SFC ALyC*, 6.13.15.

vinculando a los diversos sujetos y niveles en el ejercicio de la sinodalidad —diocesano, continental y universal— en una dinámica de espiral multidireccional, en contraste con modelos piramidales, unidireccionales o circulares. Puede afirmarse que la etapa continental del Sínodo ha sido la que mejor ha logrado una primera recepción práctica de esta forma de proceder (IL 2024, 98), articulando "el *sensus fidei* con el que están marcados todos los fieles, el discernimiento obrado en diversos niveles de realización de la sinodalidad y la autoridad de quien ejerce el ministerio pastoral de la unidad y del gobierno"[60].

Adicionalmente, la experiencia de las siete asambleas eclesiales continentales ha sido fundamental para comprender la "articulación ordenada de la Iglesia entera" (IL 2024, 88) a través de varias *restituciones*. El Sínodo comenzó sus tareas en 2021 con procesos de consultas y escuchas. Se involucraron, aproximadamente, 114 conferencias episcopales de rito latino, el Consejo de Patriarcas Católicos de Oriente, seis sínodos patriarcales de iglesias orientales, cuatro sínodos archiepiscopales mayores y cinco consejos episcopales internacionales. Las conferencias episcopales de cada país redactaron una *Síntesis* de todos los informes realizados por las diócesis y la enviaron a la Secretaría General del Sínodo para la redacción del *Documento de la etapa continental*, donde también se integraron aportaciones de otras instituciones y organizaciones eclesiales. Este primer proceso fue lineal: de las diócesis hacia las conferencias episcopales y a la Secretaría General del Sínodo. Cada instancia hizo una relectura del material recibido desde perspectivas y lugares distintos, pero sin traicionar el contenido original.

Formalmente, la *primera restitución* fue obra de la Secretaría general del Sínodo al devolver el *Documento para la etapa continental* a las agrupaciones continentales de iglesias que se encargaron de organizar las 7 Asambleas eclesiales continentales: Asia (FABC), África (SECAM), América del Norte (USCCB & CCCB), América Latina y el Caribe (CELAM), Europa (CCEE), Oceanía (FCBO), Medio Oriente e Iglesias Orientales (CPCO). Cada una de estas Asambleas

---

60. Sigue el texto: "esta circularidad promueve la dignidad bautismal y la corresponsabilidad de todos, valora la presencia de los carismas infundidos por el Espíritu Santo en el pueblo de Dios, reconoce el ministerio específico de los pastores en comunión colegial y jerárquica con el Obispo de Roma, garantizando que los procesos y los actos sinodales se desarrollen con fidelidad al *depositum fidei* y en actitud de escucha al Espíritu Santo para la renovación de la misión de la Iglesia" (CTI, *Sinodalidad* 72).

desarrolló un proceso de escucha y redactó una *Síntesis final por continente o agrupación continental*[61]. Podemos visualizar la dinámica eclesial recorrida como sigue: de las iglesias locales (redacción de los informes por diócesis y las *Síntesis* por países) a la Iglesia universal (redacción del *Documento para la etapa continental*) y luego a las iglesias continentales (redacción de los siete documentos continentales finales). El modelo institucional de las asambleas eclesiales continentales —que nació en América Latina[62]— no ha sido fácil de recibir en todos los continentes, especialmente en culturas patriarcales o tribales, y contextos eclesiales clericalistas, piramidales o autoritarios.

A este proceso siguió una *segunda restitución*. Las siete síntesis continentales sirvieron de base para la redacción del *Instrumentum laboris* de la primera sesión de la XVI Asamblea General Ordinaria del Sínodo de los obispos de octubre de 2023. Este *Instrumentum laboris* restituye lo escuchado entre agrupaciones de iglesias correspondientes a una misma región o continente, a los miembros de la primera sesión de la Asamblea Sinodal[63]. A esta sesión se incorporó un 25 % de sinodales no-obispos, lo cual comportó una doble novedad: una, por portar el mismo derecho de voz y voto; y otra, por su calidad de testigos —con plena libertad— para verificar la fidelidad de las restituciones o que muchas de las voces que habían sido escuchadas a lo largo del proceso estuvieran reflejadas en todos los documentos. Esta conformación de la Asamblea permite asegurar el ejercicio del *sensus fidei fidelium* —de todos los fieles—, y no el sentido de la fe solo de *algunos* (obispos) o *uno* (primado).

---

61. Los documentos de las siete Asambleas eclesiales continentales y del *Sínodo digital* están disponibles en: <https://www.synod.va/it/synodal-process/la-tappa-continentale/documenti-finali.html>.

62. Cf. Primera Asamblea eclesial de América Latina y el Caribe: <https://asambleaeclesial.lat>.

63. La Oficina de prensa de la Santa Sede ofreció la siguiente lista de los participantes para la primera sesión de la XVI Asamblea General Ordinaria del Sínodo de los Obispos del 4 al 29 de octubre de 2023: "la Asamblea estará conformada por un total de 363 miembros, con derecho a voto. De los cuales 85 son mujeres, 54 de las cuales tienen derecho a voto: dos de ellas figuran entre los presidentes delegados. Son 20 los representantes de las Iglesias orientales, 43 obispos de África, 47 de América, 25 de Asia, 48 de Europa, 5 de Oceanía, 1 sin conferencia episcopal. 5 son los presidentes de la Reunión Internacional de Conferencias Episcopales. 20 jefes de los dicasterios de la Curia romana. 50 miembros de nombramiento pontificio y 16 miembros del consejo ordinario del Sínodo. Además, hay 8 invitados especiales y son 75 los demás participantes, de los cuales 57 son expertos y facilitadores. Y son 12 el número de delegados fraternos". Cf. <https://www.vaticannews.va/es/vaticano/news/2023-07/sinodo-obispos-2023-lista-completa-participantes-sinodo.html>.

El fruto de esta primera sesión fue el *Informe de síntesis*. Con este documento se hizo una *tercera restitución* y se recibieron informes de 108 conferencias episcopales, 9 iglesias católicas orientales, 2 uniones de superiores de religiosos y religiosas, también de 1 encuentro internacional de párrocos y más de 200 organismos internacionales incluyendo la Curia vaticana, universidades, facultades de Teología, movimientos eclesiales y otros. Todos estos aportes se relacionaron en el *Instrumentum laboris* de la segunda sesión de octubre de 2024 que fue la base para la redacción del *Documento final* de la segunda sesión de la XVI Asamblea General Ordinaria del Sínodo de los Obispos.

La aprobación del *Documento final* inició una *cuarta restitución*. Como señala la *Nota* que acompaña al *Documento final*, el Papa lo devuelve a "la Iglesia toda" (*Ecclesia tota*) "como una *restitución* de lo que ha madurado a lo largo de los años, a través de la escucha y el discernimiento, y como una orientación autorizada para su vida y misión". Esta cuarta restitución es la que, propiamente, pone en marcha la tétrada *tradición-recepción-restitución-consensos* y comporta la novedad de que, al ser asumido como magisterio ordinario del Papa, "el *Documento final* contiene indicaciones que, a la luz de sus orientaciones fundamentales, pueden ser acogidas ya en las iglesias locales y en las agrupaciones de iglesias, teniendo en cuenta los diversos contextos, lo que ya se ha hecho y lo que queda por hacer para aprender y desarrollar cada vez mejor el estilo propio de la Iglesia sinodal misionera" y esto ha ser puesto en marcha "a través de los procesos de discernimiento y decisión previstos por la ley y por el *mismo* documento"[64].

Esta "ulterior recepción del Concilio Vaticano II" se caracteriza por poner en práctica la teología del *sensus fidei* en distintos niveles, instancias, tiempos, lugares y sujetos. Cada vez que se cierra una fase, se abre un nuevo proceso que restituye asuntos inéditos que no se habían contemplado anteriormente o considerado lo suficiente. Esto hace que, en un primer momento, antes que consensos, se pueden llegar a identificar convergencias y divergencias, como sucedió en el *Informe de síntesis* de octubre de 2023, quedando, además, temas abiertos aún por resolver. Sin embargo, "la no recepción [inmediata] no pone de manifiesto que el contenido de una decisión magisterial sea nece-

---

64. FRANCISCO, *Nota de acompañamiento del Documento finale de la XVI Asamblea General Ordinaria del Sínodo de los Obispos* (25.11.2024), <https://press.vatican.va/content/salastampa/it/bollettino/pubblico/2024/11/25/0934/01866.html>.

sariamente falso, sino que, al menos *hic et nunc* (y así posiblemente en otros lugares o situaciones) no posee el valor necesario para hacer avanzar la vida eclesial"[65]. Esto debe llevar a pensar un modelo institucional que no equipare la uniformidad de las convergencias y los acuerdos con los consensos eclesiales, y que tampoco visualice la comunión como una simplificación del poliedro eclesial de la *Ecclesia tota*. De lo contrario, se volvería al modelo de una recepción entendida como un proceso lineal y unilateral, estructurado únicamente de arriba hacia abajo.

Si reconocemos que las realidades socioculturales son parte de la definición teológica de una iglesia local (AG 22, QA 66), entonces habría que emprender procesos de recepción a varios niveles y direcciones: locales, regionales/continentales y universales[66]. La teología del *sensus fidei* nos está enseñando que "no se trata de trasplantar la Iglesia a otro lugar, sino de hacerla crecer allí desde dentro"[67]. Este enfoque implica encarnar el depósito de la fe y permitir que evolucione en una dinámica espiral —previamente descrita—, integrando y articulando la tétrada: *tradición, recepción, restitución y consensos*[68]. Este modelo podría desembocar en recepciones fieles y creativas de la tradición, aceptando que hay muchos modos organizacionales, teológico-doctrinales y pastorales para comunicar el depósito de la fe según los distintos tiempos y lugares, así como en el Nuevo Testamento no encontramos "iglesias de", sino "iglesias en", como era "la Iglesia de Dios que está *en* Corinto" (IL 2024, 80)[69].

---

65. W. Beinert, "Die Rezeption und ihre Bedeutung für Leben und Lehre der Kirche", en W. Beinert (ed.), *Glaube und Zustimmung. Zur Interpretation kirchlicher Rezeptionsvorgänge*, QD 131, Herder, Freiburg 1991, 15-49, 42-44.

66. Con relación a esto, "¿no deben ser los lugares e instrumentos privilegiados del proceso de recepción los distintos concilios en los que se expresa la comunión de fe de las Iglesias, ya sea regional o universal? O también, ¿no son los sínodos diocesanos y órganos análogos los que explicitan la comunión local de todos?". H. Legrand, "Reception, *Sensus Fidelium*, and Synodal Life: An Effort at Articulation", *Jurist* 57 (1997) 405-431, 412.

67. S. Dianich, *Iglesia en misión*, Sígueme, Salamanca 1988, 23.

68. Cf. R. Luciani, "El corazón de la recepción actual de la eclesiología del Pueblo de Dios. Nuevos caminos en la teología y la práctica del *sensus fidei*", *Medellín* 185 (2023) 585-591.

69. Cf. A. Brighenti, "Sinodalidad eclesial y colegialidad episcopal. El referente del estatuto teológico de las Conferencias Episcopales", en R. Luciani (ed.), *La sinodalidad en la vida de la Iglesia. Reflexiones para contribuir a la reforma eclesial*, San Pablo, Madrid 2020, 95-113, 100.

Futuros desarrollos de la teología del *sensus fidei* de todo el pueblo de Dios estarán profundamente ligados a procesos de restitución, conforme a la pregunta planteada al inicio del camino sinodal inaugurado en 2021: "¿qué pasaría si, en lugar de terminar la asamblea entregando el documento final al Santo Padre, diéramos otro paso, el de devolver las conclusiones de la asamblea sinodal a las iglesias particulares de las que partió todo el proceso sinodal?"[70]. En última instancia, el objetivo es discernir la cuestión fundamental que ha guiado todo el proceso: *conocer lo que el Espíritu dice a las iglesias*[71]. Sin embargo, es un discernimiento que se lleva acabo, como ha sucedido, en el marco de la *Ecclesia tota*, es decir, en la comunión entre las iglesias [locales], y entre todas ellas con la Iglesia de Roma. Es lo que corresponde a la *tercera fase* de un proceso sinodal —tras las dos fases previas de consulta y celebración—, tal como se establece en *Episcopalis communio*:

> a la celebración de la Asamblea del Sínodo le debe seguir la fase de su implementación, con el fin de dar inicio en todas las iglesias particulares a la recepción de las conclusiones sinodales, aceptadas por el Romano Pontífice en la modalidad que él juzgue más conveniente. Es necesario al respecto tener bien claro que "las culturas son muy diferentes entre sí y todo principio general [...] necesita ser inculturado si quiere ser observado y aplicado". De ese modo, se muestra cómo el proceso sinodal tiene su punto de partida y también su punto de llegada en el pueblo de Dios" (EC 7).

---

70. Card. M. GRECH, *Momento de reflexión para el inicio del proceso sinodal.* 21 de octubre de 2021.

71. DP 15; cf. FRANCISCO, *Discurso para la Conmemoración del 50° Aniversario de la Institución del Sínodo de los Obispos* (17.10.2015).

CONCLUSIÓN:
¿UNA NUEVA HERMENÉUTICA EN LA ECLESIOLOGÍA POSTCONCILIAR?

¿Estamos asistiendo al surgimiento de una nueva hermenéutica en la eclesiología postconciliar? Si es así, ¿qué consecuencias puede tener para imaginar y construir una Iglesia *constitutivamente sinodal* a la luz de los nuevos desarrollos de la teología del *sensus fidei* de todo el pueblo de Dios? Todo lo expuesto confirma que está emergiendo una nueva figura de *Iglesia* que requiere dar paso a un modelo institucional constitutivamente sinodal. No se trata de renovar un modo eclesial unidireccional de proceder, sino de crear otro procesual y generativo, caracterizado por un enfoque multidireccional y poliédrico, enraizado en la variedad de las formas culturales. En este sentido,

> una Iglesia sinodal no es una meta que se alcanza al final, después de haber desplegado estrategias y dado pasos hacia la meta, sino que es ya la forma y el estilo eclesial que hay que asumir, desde el principio, con el fin de desarrollar plenamente la sinodalidad a todos los niveles y contextos: se aprende la sinodalidad haciendo y viviendo la Iglesia sinodal. El *nosotros eclesial* madura sinodalmente a través del intercambio dialógico, la conversación, el discernimiento juntos, la confrontación de opiniones diferentes que a primera vista parecen irreconciliables. Pero no basta con sustituir las estructuras tridentinas por estructuras sinodales. Una reforma en clave sinodal requiere una *conversión sinodal*: no sacralizar el pasado y sus estructuras eclesiales; aceptar la profundidad de la historicidad de las instituciones eclesiales; asumir la actitud espiritual del desplazamiento, de salir de los propios supuestos incuestionados, de los hábitos establecidos, de las tradiciones, para asumir la mirada del otro sobre nosotros y sobre la realidad. Todo ello para acoger la posibilidad que se nos da de habitar otros lugares, emprender distintos caminos, descubrir oportunidades. Una refor-

ma eclesial sinodal nos exige alcanzar una nueva mirada sobre la realidad humana y eclesial (...). A pesar de los grandes retos que tenemos por delante, la Iglesia ha redescubierto su ser y proceder constitutivamente sinodal[72].

Este desarrollo llevará tiempo, posiblemente más de una generación. Sin embargo, desde la perspectiva pneumatológica de esta "ulterior recepción conciliar en proceso" que estamos viviendo, hemos descubierto que "la sinodalidad no es simplemente el redescubrimiento de prácticas; más bien, es *el redescubrimiento de una figura de Iglesia* que reconoce y confiesa la acción del Espíritu que crea la *concordia*"[73]. El gran desafío de la actual fase en la recepción del Concilio es *sinodalizar* la *Ecclesia tota*, donde la teología del *sensus fidei* de todo el pueblo de Dios desempeñará un rol determinante.

---

72. R. Luciani - S. Noceti, *En camino hacia una Iglesia constitutivamente sinodal*, Edic. Claretiana - CELAM - Publicaciones Claretianas, Madrid 2025, 80.82.

73. G. Canobbio, *Un nuovo volto della Chiesa? Teologia del Sinodo*, Morcelliana, Brescia 2023, 172.

SEGUNDA PARTE
INICIACIÓN A LA SINODALIDAD

por SERENA NOCETI

UN CAMINO
PARA RECORRER JUNTOS

La iniciación en la sinodalidad pasa por tres caminos interconectados. En primer lugar, pide a cada cristiano, especialmente a los agentes pastorales (ministros ordenados y laicos) que reflexionen sobre sí mismos para madurar una visión más clara y una adhesión más profunda a ser una iglesia sinodal (conversión sinodal). En segundo lugar, es necesario aprender juntos qué es la sinodalidad como forma de vivir y operar como Iglesia, suscitando nuevas experiencias marcadas por un estilo sinodal, y reflexionar juntos para moldear el rostro de la comunidad y la acción pastoral en esta perspectiva (renovación eclesial en perspectiva sinodal). En tercer lugar, es necesario trabajar con valentía y creatividad para iniciar estructuras y procedimientos sinodales adecuados a la visión de Iglesia del Vaticano II (reforma de las estructuras).

1. CONVERSIÓN SINODAL
PARA LA REFLEXIÓN PERSONAL

Esta primera ficha está pensada para un momento de reflexión personal (o de dos o tres personas): nos permite profundizar en los conceptos teológico-pastorales de este Cuadernillo a partir de la escucha de la realidad, de la Palabra de Dios y de los documentos del Magisterio sobre la sinodalidad. El objetivo es acompañar la conversión sinodal: en qué cosas debemos cambiar de mentalidad, cuáles son las resistencias interiores que debemos superar, qué falsas ideas debemos abandonar, qué recursos y habilidades debemos compartir.

1.1. Oración al Espíritu Santo
HERMANO PIERRE-YVES DE TAIZÉ

Espíritu que aleteas sobre las aguas,
calma en nosotros las disonancias,
los flujos inquietos, el rumor de las palabras,
los torbellinos de vanidad y haz surgir en el silencio
la Palabra que nos recrea.

Espíritu que en un suspiro susurras
en nuestro espíritu el nombre del Padre,
ven a reunir todos nuestros deseos,
hazlos crecer en un haz de luz
que sea la respuesta a tu luz,
la Palabra del Nuevo Día.

Espíritu de Dios,
savia de amor del árbol inmenso sobre el que nos injertamos,
que todos nuestros hermanos nos acompañen como un don,
en el gran Cuerpo donde madura la Palabra de comunión.

1.2. Una primera reflexión sobre mi vida

1. ¿Cuáles han sido los momentos y experiencias en mi vida que me han llevado a desarrollar una fe viva, profunda y sincera en el Señor, y en la cual me he sentido una hija o hijo amado por Dios?

2. ¿He reconocido el rostro y la voz de Jesús en mis hermanos y hermanas de camino, tanto en aquellos con quienes comparto mi vida y valores, como en quienes me resultan difíciles de aceptar o no he incluido en mi mesa porque no piensan como yo?

3. En mi historia de vida, ¿qué experiencia de comunión eclesial ha dejado una huella significativa en mí? ¿Cómo he contribuido a esa comunión y qué he recibido de ella que me haya ayudado a ser más humano y fraterno?

4. ¿Dedico tiempo, ya sea diaria o semanalmente, a meditar la Palabra de Dios, discerniendo la presencia del Señor en mi historia de vida, en la comunidad cristiana, en la sociedad y en la historia de la humanidad? ¿Tengo una mirada contemplativa hacia la realidad que vivo y todo lo que me rodea?

1.3. A la escucha de la Palabra de Dios - 1Jn 2,20.27-29

En cuanto a vosotros, estáis ungidos por el Santo, y todos vosotros lo conocéis (...). Y en cuanto a vosotros, la unción que de él habéis recibido permanece en vosotros, y no necesitáis que nadie os enseñe. Pero como su unción os enseña acerca de todas las cosas —y es verdadera y no mentirosa—, según os enseñó, permaneced en él. Y ahora, hijos, permaneced en él para que, cuando se manifieste, tengamos plena confianza y no quedemos avergonzados lejos de él en su venida. Si sabéis que él es justo, reconoced que todo el que obra la justicia ha nacido de él.

Reflexiono sobre lo que leo en la primera epístola de Juan

1. ¿Soy consciente del don del Espíritu, recibido en el bautismo, que habita en mí y me acompaña en cada decisión y acción de mi vida?

2. ¿Estoy atenta a escuchar la voz del Espíritu que me enseña y guía a través del rostro y la vida de los demás, en mis relaciones cotidianas, y en los signos y acontecimientos de la existencia?

3. ¿De qué manera puedo formar cada vez más mi conciencia para discernir y reconocer que, en todo lo que hago, está presente y actúa el Espíritu?

1.4. Para profundizar a partir de la constitución dogmática sobre la Iglesia *Lumen gentium* y del *Documento final* del Sínodo 2021-24, nn. 22 y 81

LG 12: "el mismo Espíritu Santo no solo santifica y dirige el Pueblo de Dios mediante los sacramentos y los misterios y le adorna con virtudes, sino que también distribuye gracias especiales entre los fieles de cualquier condición, distribuyendo a cada uno según quiere (1Cor 12,11) sus dones, con los que les hace aptos y prontos para ejercer las diversas obras y deberes que sean útiles para la renovación y la mayor edificación de la Iglesia".

DF 22: En virtud del bautismo "el pueblo santo de Dios participa del carácter profético de Cristo, dando testimonio vivo de Él sobre todo con una vida de fe y amor" (LG 12). Gracias a la unción del Espíritu Santo recibida en el bautismo (cf. 1Jn 2,20.27), todos los creyentes poseen un instinto para la verdad del Evangelio, llamado *sensus fidei*. Consiste en una cierta connaturalidad con las realidades divinas, basada en el hecho de que en el Espíritu Santo los bautizados "son hechos partícipes de la naturaleza divina" (DV 2). De esta participación deriva la aptitud para captar intuitivamente lo que es conforme a la verdad de la Revelación en la comunión de la Iglesia. Por eso, la Iglesia está segura de que el santo pueblo de Dios no puede equivocarse al creer cuando la totalidad de los bautizados expresa su consenso universal en materia de fe y de moral (cf. LG 12). El ejercicio del *sensus fidei* no debe confundirse con la opinión pública. Está siempre unido al discernimiento de los pastores en los distintos niveles de la vida eclesial, como muestra la articulación de las fases del proceso sinodal. Pretende alcanzar ese consenso de los fieles (*consensus fidelium*) que constituye "un criterio seguro para determinar si una doctrina o práctica particular pertenece a la fe apostólica" (Comisión Teológica Internacional, *El sensus fidei en la vida de la Iglesia*, 2014, n. 3).

DF 81: Para promover relaciones capaces de sostener y orientar la misión de la Iglesia, es una exigencia prioritaria ejercitar la sabiduría evangélica que permitió a la comunidad apostólica de Jerusalén sellar el resultado del primer acontecimiento sinodal con las palabras: "Hemos decidido, el Espíritu Santo y nosotros" (Hch 15,28). Es el discernimiento que, ejercido por el pueblo de Dios en vista de la misión, podemos calificar de "eclesial". El Espíritu, que el Padre ha enviado en nombre de Jesús y que enseña todas las cosas (cf. Jn 14,26), guía en todo momento a los creyentes "a toda la verdad" (Jn 16,13). Por su presencia y acción continuas, la "Tradición, que viene de los apóstoles, progresa en la Iglesia" (DV 8). Invocando su luz, el pueblo de Dios, partícipe de la función profética de Cristo (cf. LG 12), "procura discernir en los acontecimientos, exigencias y deseos, que comparte con sus contemporáneos, cuáles son en ellos los signos verdaderos de la presencia o del designio de Dios" (GS 11). Tal discernimiento se sirve de todos los dones de sabiduría que el Señor distribuye en la Iglesia y hunde sus raíces en el *sensus fidei* comunicado por el Espíritu a todos los bautizados. En este espíritu se debe comprender y reorientar la vida de la Iglesia sinodal misionera.

Preguntas para una conversión personal a la sinodalidad

1. ¿De qué manera mi forma de ser y relacionarme puede contribuir a una iglesia o parroquia sinodal?

2. ¿Qué aspectos de mi carácter y experiencias de vida pueden inspirar y enriquecer a una comunidad sinodal?

3. ¿Cuáles son los dones que he recibido del Señor y cómo puedo ponerlos al servicio de los demás?

4. ¿Cuál es el carisma que el Espíritu me ha concedido para el bien y la edificación de la comunidad? ¿Reconozco los carismas presentes en los demás?

Si soy obispo, presbítero, diácono
o tengo responsabilidad pastoral en la Iglesia

1. ¿Cuáles son las personas a las que más me cuesta escuchar? ¿Hago un esfuerzo consciente por reconocerlas, escucharlas sin juzgarlas e integrarlas en la comunidad?

2. ¿A qué personas tiendo a involucrar menos en la vida pastoral y en el discernimiento comunitario? ¿Estoy siendo insensible a la presencia del Espíritu en ellas?

3. ¿Por qué actúo de esta manera? ¿Cómo podría superar esta limitación? ¿Cómo interpreto el mensaje de *Lumen gentium* cuando afirma que el Espíritu no solo se manifiesta a través de los sacramentos y ministerios, sino también mediante cualquier persona en quien Él elija derramar sus dones?

1.5. Para seguir meditando
Monseñor Tonino Bello

Quizá nos falte el gusto por la vida, un sentido global de la existencia,
la búsqueda apasionada de los valores del Espíritu,
la referencia constante al Absoluto, el toque de su misericordia.
El frenesí de la vida contemporánea que nos hace experimentar
a lo largo y a lo ancho.

Tú nos haces experimentar la profundidad de las cosas.
Ayúdanos a redescubrir la belleza del silencio, la alegría de los encuentros,
el sabor de la conversación, la alegría de la bienvenida,
el inestimable consuelo de la unidad familiar y eclesial,
el valor de la gratuidad, la dulzura del perdón.

Haznos capaces de asombrarnos.
Danos un anhelo irresistible de nuevos cielos y nuevas tierras,
en la que puedan reinar la paz, el respeto, el diálogo
y la búsqueda del bien común. [...]
Ayúdanos a comprender que señalar los brotes en las ramas
vale más que llorar la caída de las hojas.

Concluye rezando el salmo 77 (78)

Lo que hemos oído y sabido
y nuestros padres nos dijeron,
no se lo ocultaremos a sus hijos;
diremos a la futura generación
las alabanzas del Señor, su poder
y las maravillas que ha realizado;
para que pongan su confianza en Dios.

2. RENOVACIÓN DE LA VIDA ECLESIAL
EN PERSPECTIVA SINODAL

2.1. Primera propuesta

Esquema de una reunión de reflexión para un consejo pastoral o un equipo de coordinación o una comunidad religiosa

> **Objetivo:** *Queremos examinar cómo nos escuchamos y confrontamos a medida que maduramos en la escucha de la Palabra de Dios y de la voz del Espíritu, que resuena en las iglesias (Ap 2,7) a través de las conciencias, los acontecimientos, las culturas y tantas otras mediaciones.*

La reunión comienza con la lectura del n. 22 del *Documento final* del Sínodo 2021-24.

En un primer momento, se reflexiona sobre la situación de nuestra parroquia, comunidad religiosa, pequeña comunidad o diócesis, planteando algunas preguntas para el discernimiento:

1. ¿Quién tiene la palabra? ¿Quién toma la palabra en nuestra vida comunitaria, ya sea en la catequesis, las reuniones, la liturgia, las asambleas, etc.?

2. ¿Quién no habla nunca? ¿Quién no participa nunca? ¿Qué personas y grupos son los menos escuchados en la comunidad y por qué? ¿Qué perdemos con estos silencios y ausencias? ¿Acaso no los hemos invitado a participar, o invitamos solamente a quienes piensan como nosotros?

3. ¿Sabemos escuchar hoy la voz de la profecía? ¿Qué formas adopta? ¿Cómo la reconocemos? ¿Qué criterios utilizamos para distinguir la palabra de los verdaderos profetas entre las muchas voces que se alzan?

4. ¿Qué canales y medios utilizamos para escuchar la voz de todos? ¿Existe un espacio para las voces críticas? ¿Qué lugar tienen aquellos que disienten o piensan de manera completamente distinta a nosotros?

5. ¿Qué palabras nos llaman al cambio? ¿Qué mensajes, provenientes de personas con otras experiencias, conocimientos, culturas, religiones o creencias interpelan a nuestra comunidad cristiana para transformarse? ¿Qué comunidades o pueblos nos dirigen una palabra profética necesaria para el futuro de la Iglesia y de la sociedad?

6. ¿Cómo entendemos el "nosotros"? ¿A qué y a quién nos referimos cuando utilizamos el pronombre "nosotros" en la vida de nuestra comunidad? ¿Estamos construyendo un verdadero "nosotros" o permanecemos en relaciones entre un "yo" y un "tú"?

Tras esta fase de análisis, reflexionamos sobre posibles cambios que implementar para crecer en sinodalidad, ayudados también por estas preguntas para el discernimiento:

1. ¿Cómo podemos revitalizar el espíritu de participación en la vida de la Iglesia? ¿Qué resistencias nos bloquean y cómo podemos superarlas?

2. ¿De qué manera podemos promover y animar nuevas vías de formación que respondan a las necesidades de adultos y jóvenes?

3. ¿En qué contextos y ocasiones podemos favorecer caminos de reflexión más profunda sobre la realidad, para vivir juntos a la luz de nuestra fe común?

4. ¿Cómo podemos pasar de un modelo comunicativo principalmente unidireccional (de uno a todos, a través solo de algunos) a un modelo multidireccional y sinodal (de todos a todos, a través de la obra de uno y de algunos; de todos a uno; de algunos a todos y a uno) para construir y vivir el "nosotros" en nuestras estructuras eclesiales?

5. ¿Somos creyentes y comunidades capaces de renovar situaciones y relaciones, devolviéndoles todo su potencial? ¿O nos conformamos como somos y no queremos cambiar argumentando que "siempre se ha hecho así"?

6. ¿Cómo podemos fomentar la formación de una conciencia crítica en todos los miembros de la Iglesia?

7. ¿Qué lenguaje y modalidades caracterizan nuestro anuncio de la fe, ya sea como individuos, comunidad, iglesia local o Iglesia católica en general? ¿Sabemos hacer prevalecer la autenticidad humana sobre el formalismo, el legalismo, el clericalismo y las doctrinas abstractas? ¿Sabemos mostrar el calor de las relaciones amorosas o nos limitamos a ofrecer servicios religiosos?

8. Ante la libertad del Espíritu al distribuir dones diferentes a personas diferentes, ¿qué estamos llamados a hacer como comunidad para reconocer todos los carismas y promover la contribución de todos a la misión de la Iglesia? ¿Qué acciones podemos realizar para fomentar una ministerialidad ampliada y plural en nuestra comunidad que no sea solo la del ministro ordenado?

9. ¿Cómo podemos madurar en el sentido de ser "pueblo", "pueblo de Dios", "pueblo que camina junto", un pueblo que es siempre "sujeto comunitario e histórico"?

Al final de la reunión se decide cómo compartir lo acordado con toda la comunidad.

2.2. Segunda propuesta

Redactar juntos una "profesión de fe" como comunidad cristiana

» Se propone realizar un primer encuentro para compartir sobre los *Símbolos de la fe*, abordando su origen, los motivos de su redacción y su estructura. Es importante mencionar que, en la antigüedad, cada iglesia local contaba con su propio credo (cf. *Catecismo de la Iglesia Católica*, 185-197).

» Se invita a todos los grupos de formación, catequesis, servicio, pequeñas comunidades, centros de escucha del Evangelio y al consejo pastoral a redactar un texto que exprese los puntos centrales de su experiencia de fe, partiendo de frases como:

Creo en Dios Padre...
Creo en Jesucristo...

Creo en el Espíritu Santo...

Creo que la Iglesia...

» Se anima a reflexionar sobre por qué se presentan declaraciones diversas. Para facilitar este proceso, se sugiere utilizar el método de la "conversación en el Espíritu", que permite una participación equitativa, asegurando tiempos iguales, rondas ordenadas y libertad para expresarse. Los resultados de estas conversaciones deben resumirse en breves textos compartidos.

» Un pequeño grupo, junto con los presbíteros y diáconos, será el encargado de formular un resumen. Las aportaciones de los distintos grupos se exhibirán en un lugar visible dentro de la iglesia o capilla, para que toda la comunidad pueda apreciarlas.

» El *Símbolo de fe* elaborado por la comunidad se proclamará en una celebración solemne significativa para la vida cristiana de la comunidad.

» A nivel diocesano, los *Símbolos de fe* elaborados en las parroquias y comunidades serán recopilados. Los teólogos vinculados a la diócesis, incluyendo institutos de ciencias religiosas, seminarios y facultades de teología, reflexionarán sobre la teología presente en estos textos. Propondrán una lectura sistemática que podrá compartirse en una reunión diocesana, asamblea pastoral u otros espacios de participación adecuados.

3. REFORMA PASTORAL
DOS PROPUESTAS

Fomenta la creación o reforma de estructuras pastorales que impulsen el desarrollo de una Iglesia sinodal, que acompañen su camino y le permitan madurar con el tiempo, evitando depender de entusiasmos momentáneos o de iniciativas basadas únicamente en la sensibilidad de unos pocos.

3.1. Primera propuesta

Crear un grupo de laicos y laicas que preparen la homilía cada semana con los presbíteros y diáconos de la comunidad, a partir de una escucha profunda y compartida de las lecturas dominicales y un discernimiento compartido en grupo y comunidad. Cuando se considere oportuno, en algunas celebraciones dominicales, estos laicos podrán predicar durante la Eucaristía (*Documento final* del Sínodo de la sinodalidad, 27).

3.2. Segunda propuesta

Incorporar las dinámicas comunicativas que hemos explorado, como las consultas, la escucha recíproca, el discernimiento comunitario y la elaboración de decisiones compartidas, en la redacción de los planes pastorales y los documentos eclesiales. Adicionalmente, incluir a personas que no pertenezcan directamente a la comunidad eclesial, incluso no bautizados, con el fin de escuchar otras voces que aporten experiencias de vida, competencias profesionales y conocimientos diversos. Esto permitirá atender con mayor profundidad a la acción del Espíritu, discerniendo a la luz de los signos de los tiempos actuales. Como afirma *Gaudium et spes*: "El pueblo de Dios, movido por la fe, que le impulsa a creer que quien lo conduce es el Espíritu del Señor, que llena el universo, procura discernir en los acontecimientos, exigencias y deseos, de los cuales participa juntamente con sus contemporáneos, los signos verdaderos de la presencia o de los planes de Dios (...). El pueblo de Dios y la humanidad, de la que aquel forma parte, se prestan mutuo servicio, lo cual demuestra que la misión de la Iglesia es religiosa y, por lo mismo, plenamente humana" (GS 11).

BIBLIOGRAFÍA
PARA PROFUNDIZAR

Escanea este código QR
para acceder a la Biblioteca
de Sinodalidad.

Documentos

COMISIÓN TEOLÓGICA INTERNACIONAL, *La sinodalidad en la vida y en la misión de la Iglesia*, 2018.

COMISIÓN TEOLÓGICA INTERNACIONAL, *Sensus fidei en la vida de la Iglesia*, 2014.

FRANCISCO (PAPA), Constitución Apostólica *Episcopalis communio*, 2018.

Libros y artículos sugeridos

BENTUÉ, A., "El *Sensus Fidelium* como Categoría Teológica". En *Teología y Vida* 26 (1979) 65-74.

BERRIZBEITIA HERNÁNDEZ, F., "Perspectivas históricas de la teología del *sensus fidei* a propósito de un reciente documento de la Comisión Teológica Internacional", *Lumen Veritatis* 8 (2015) 161-182.

BUENO DE LA FUENTE, E., "*La búsqueda de la figura de la Iglesia como lógica interna de la eclesiología posconciliar*", en *Revista Española de Teología* 57 (1997) 311-348.

BURKHARD, J., *The sense of the faith in History. Its sources, reception and theology*, Liturgical Press, Collegeville MIN, 2022.

CONGAR, Y. M.-J., "La Iglesia como pueblo de Dios", *Concilium* 1 (1965) 9-33.

CONGAR, Y. M.-J., *Eclesiología. Desde San Agustín hasta nuestros días*, BAC, Madrid 1976.

DUQUOC, C., "Il popolo di Dio soggetto attivo della fede nella chiesa", *Concilium* 21 (1985) 4, 100-111

ECKHOLT, M., "*Sensus fidelium*. La sinodalidad y el devenir sujeto del laicado", en Rafael Luciani, Serena Noceti & Carlos Schickendantz (eds.), *Sinodalidad y reforma. Un desafío eclesial*, PPC, Madrid 2022, 183-202. Italiano: "*Sensus fidelium*. La sinodalità e i laici che divengono soggetto", en Rafael Luciani, Serena Noceti & Carlos Schickendantz (eds.), *Sinodalità e riforma. Una sfida ecclesiale*, Queriniana, Brescia 2022, 147-161.

LEGRAND, H., "Reception, *Sensus Fidelium*, and Synodal Life: An Effort at Articulation", *Jurist* 57 (1997) 405-431.

LUCIANI, R., "El corazón de la recepción actual de la eclesiología del Pueblo de Dios. Nuevos caminos en la teología y la práctica del *sensus fidei*", *Medellín* 185 (2023) 565-596.

LUCIANI, R., "La *Restitutio* al Pueblo de Dios latinoamericano y caribeño. Lo que afecta a todos debe ser tratado y aprobado por todos", *Revista CLAR* 61/2 (2023) 14-29.

LUCIANI, R., "Hacia una vinculación corresponsable del ejercicio episcopal a la luz del sensus fidelium del Pueblo de Dios", en César Kuzma (ed.), El laicado en una Iglesia sinodal. Corresponsabilidad, participación y misión, San Pablo, Madrid 2024, 138-163.

LUCIANI, R., "El despertar de la conciencia de una *Ecclesia tota*. Claves para una lectura eclesiológica del proceso sinodal", *Medellín* 190 (2025) 15-35.

NOCETI, S., "*Sensus fidelium* and the Ecclesial Dynamics", en Th. Knieps-Port Le Roy – A. Brenninkmeijer-Werhahn (eds.), *Authentic Voices – Discerning Hearts: New Resources for the Church on Marriage and Family,* LIT Verlag, Zürich 2016, 170-183.

NOCETI, S., "*Sensus fidelium*. Una riflessione ecclesiologica", en A. Rovello (ed.), *La morale ecclesiale tra sensus* fidelium *e magistero*, Cittadella, Assisi 2016, 37-59.

NOCETI, S., "Popolo di Dio: un incompiuto riconoscimento di identità", *Concilium* 3 (2018) 21-36.

POLANCO, R., "Giro hermenéutico en la eclesiología a partir de *Lumen gentium*", *Scripta Theologica* 46 (2014) 331-355.

POTTMEYER H. J., "La Iglesia en camino para configurarse como Pueblo de Dios", en Carlos María Galli - Antonio Spadaro (eds.), *La reforma y las reformas en la Iglesia*, Sal Terrae, Santander 2016, 79-96.

RUSH, O., *The Eyes of Faith. The Sense of the Faithful and the Church's Reception of Revelation*, The Catholic University Press, Washington 2009.

RUSH O., "Sinodalidad, tradición y consenso", en Rafael Luciani, Serena Noceti & Carlos Schickendantz (eds.), *Sinodalidad y reforma. Un desafío eclesial*, PPC, Madrid 2022, 285-322. Italiano: "Sinodalità, tradizione e consenso", en Rafael Luciani, Serena Noceti & Carlos Schickendantz (eds.), *Sinodalità e riforma. Una sfida ecclesiale*, Queriniana, Brescia 2022, 225-238.

SANCHO BIELSA., J., *Infalibilidad del pueblo de Dios: "Sensus fidei" e Infalibilidad Orgánica de la Iglesia en la Constitución Dogmática "Lumen gentium" del Concilio Vaticano II.* Ediciones Universidad de Navarra, Pamplona 1979.

SCHICKENDANTZ, C., "La praxis eclesial está llena de inteligencia. Responder a los impulsos del Espíritu (*GS* 11)", *Teología y vida* 64 (2023) 9-38.

THEOBALD, C., «*Sensus fidei fidelium*. Enjeux d'avenir d'une notion classique», Recherches de Science Religieuse 104 (2016) 207-236.

VITALI D., «La circularidad entre sensus fidei y magisterio como criterio para el ejercicio de la sinodalidad en la Iglesia», en Antonio Spadaro and Carlos M. Galli, *La reforma y las reformas en la Iglesia*, Sal Terrae, Santander 2016, 209-227. En italiano: Vitali D., *La circolarità tra sensus fidei e magistero come criterio per l'esercizio della sinodalità nella chiesa*, in A. Spadaro – C. M Galli (eds.), *La riforma e le riforme nella Chiesa*, Queriniana, Brescia 2016.

VITALI D., "La función de la Iglesia en la inteligencia de la fe", *Selecciones de Teología* 192 (2009) 243-256. En Italiano: Vitali D., Sensus fidelium. *Una funzione ecclesiale di intelligenza della fede*, Morcelliana, Brescia 1993.

VORGRIMLER H., "Dal *sensus fidei* al *consensus fidelium*", *Concilium* 21 (1985) 489-500.

ÚNETE A LA
"RED DE EXPERIENCIAS Y PRÁCTICAS SINODALES"

Hemos creado la "**Red de Experiencias y Prácticas Sinodales**", un espacio destinado a compartir y celebrar las búsquedas y aprendizajes de cada comunidad. Este es un lugar donde podemos inspirarnos mutuamente, contagiarnos de esperanza y motivarnos a seguir avanzando.

En esta red, todos podemos aportar y aprender. Queremos escuchar tu voz y conocer las prácticas sinodales que has implementado en tu comunidad. Ya sea una pequeña iniciativa local o un proyecto más amplio, cada experiencia tiene el potencial de enriquecer a otros y de impulsar aún más el camino sinodal.

Te invitamos a unirte a esta red de intercambio y apoyo mutuo. Escanea el código QR y comparte tu experiencia completando el formulario. Tu historia puede ser el aliento que otra comunidad necesita para continuar su propio camino de renovación.